民法典

百姓生活案例图解——合同编

李爽 徐沐阳 主编

北京师范大学出版集团
安徽大学出版社

图书在版编目(CIP)数据

民法典百姓生活案例图解.合同编/李爽,徐沐阳主编.—合肥:安徽大学出版社,2023.1(2024.11重印)

ISBN 978-7-5664-2525-6

Ⅰ.①民… Ⅱ.①李…②徐… Ⅲ.①合同法－案例－中国 Ⅳ.①D923.05

中国版本图书馆 CIP 数据核字(2022)第 220059 号

民法典百姓生活案例图解
——合同编

李爽 徐沐阳 主编

出版发行:	北京师范大学出版集团 安徽大学出版社 (安徽省合肥市肥西路3号 邮编230039) www.bnupg.com www.ahupress.com.cn
印　　刷:	廊坊市博林印务有限公司
经　　销:	全国新华书店
开　　本:	690 mm×960 mm　1/16
印　　张:	11
字　　数:	197 千字
版　　次:	2023 年 1 月第 1 版
印　　次:	2024 年 11 月第 2 次印刷
定　　价:	39.80 元

ISBN 978-7-5664-2525-6

策划编辑:李晨霞　蒋　松		装帧设计:徐荣强	
责任编辑:李晨霞　蒋　松		美术编辑:李　军	
责任校对:刘婷婷		责任印制:陈　如　孟献辉	

版权所有　侵权必究

反盗版、侵权举报电话:0551—65106311
外埠邮购电话:0551—65107716
本书如有印装质量问题,请与印制管理部联系调换。
印制管理部电话:0551—65106311

前 言

《中华人民共和国民法典》（以下简称《民法典》）是一部真正意义上的"社会生活百科全书"，是我国第一部以"法典"命名的法律，在法律体系中居于基础性地位，也是市场经济的基本法。

《民法典》的实施，是我国法制建设史上的一个里程碑，对于推进国家治理体系和治理能力的现代化，不断满足人民群众对美好生活的向往，将会产生重要的影响。

随着社会发展进程的不断推进，我们的法律也在不断地成熟和完善。"民有所呼，法有所应"，是《民法典》追求的最终目标。

根据党和政府的精神以及习近平总书记的指示，《民法典》的普法工作是"十四五"时期普法工作的重点。特别是要引导群众养成自觉守法的意识，形成遇事找法律的习惯，培养解决问题靠法律的意识和能力。更要把《民法典》纳入国民教育体系，加强对青少年的普法教育，弘扬社会主义核心价值观。

多年的普法实践证明，普法教育对于普及法律知识、提高公民法制观念、增强全社会依法办事意识具有十分重要的作用。特别是对老年人、未成年人、残疾人、农村居民等进行全面普法教育，是提高全民法律素质的需要。保护好广大人民群众自身的合法权益，是构建和谐社会、维护社会和经济秩序的基础。

为此，我们特别编撰了"民法典百姓生活案例图解"系列丛书。主要包括相关广大人民群众应知应懂、实际实用的民法条款，同时采用生动案例的方式阐述相应条款的释义解析、具体实施等，每本书最后都附有《民法典》的相关条文。

本丛书根据内容配有精美的漫画插图，图文并茂，排版采用了大字号方便阅读。因此，本丛书具有很强的可读性和实用性，是广大人民群众学习民法的良师益友。

本丛书编写组

2022年10月10日

目 录

合同编：合同订立、履行中的风险防范

合同字体过小，"傻傻"看不清怎么办？// 2

以口头方式订立中介合同，受法律保护吗？// 6

开发商没有兑现宣传中作出的承诺，是否构成违约？// 10

网络购物，能够安心吗？// 15

被误导而签订的格式合同有效吗？// 19

质保金？管理费？双方各执一词，法院该如何认定？// 23

"涉他合同"的第三人有哪些权利和义务？// 26

基础条件变化的合同可以解除吗？// 29

实名制购票的旅客将票丢失后，应该怎么办？// 32

什么是清偿抵充？法定抵充顺序是什么？// 36

合同当事人要进行精神损害赔偿吗？// 40

合同规定的违约金不合适，后期可以调整吗？// 44

合同履行的基本原则有哪些？// 48

买到过期食品，消费者需要承担责任吗？// 52

分期付款的贷款到期还不上会怎么样？// 56

承诺捐赠的款项，可以在捐赠前撤销吗？// 59

受赠与人不履行义务，赠与人有权撤销赠与吗？// 63

通过"套路贷"借千元要还上百万！怎么办？// 67

自然人之间的借款合同能约定利息吗？// 71

公立幼儿园有资格为他人作保证吗？// 74

一债多保，谁多谁少？// 77

房东在什么情况下可以解除租房合同？// 80

和"二房东"租房，受法律保护吗？// 84

高铁上旅客可以"霸座"吗？// 88

解除委托合同，造成的损失怎么处理？// 91

汽车在地下车库遭浸泡，能要求物业公司赔偿吗？// 94

买方能否绕过中介人与卖方直接签订合同？// 97

房屋未能如期出售，还需要向中介公司支付报酬吗？// 100

银行因失误，多给取款人现金，有权请求返还吗？// 103

附录：中华人民共和国民法典·合同编 // 107

合同编:
合同订立、履行中的风险防范

合同字体过小,"傻傻"看不清怎么办?

生活小案例

北漂的小李租住房屋前与房东签了租房合同,其中约定由房东付水电费,薪水不高的小李欣然签约。但三个月后小李却收到电费单,询问房东后,房东以"合同结尾写着水电费只代付三个月"为由,推卸责任。看着合同,小李犯了难。如此约定的电费,小李到底要不要缴付呢?

 **案例分析**

本案中小李的遭遇在现实中时有发生，面对类似情况，究竟该如何应对呢？《民法典》给出了答案。在签订合同时，有些商家故意使用字体过小的合同版本，致使合同相对人"傻傻"看不清楚，稀里糊涂签了字。而事后一旦出现纠纷，商家会以对方签字同意为由，推卸责任。

对此，《民法典》明确规定：采用格式条款订立合同的，提供格式条款的一方未履行提示或者说明义务，致使对方没有注意或者理解与其有重大利害关系的条款的，对方可以主张该条款不成为合同的内容。

本案中，在合同签订前，房东故意混淆视听，未对合同中的免责条款进行提示或说明，小李可以基于上述事实主张该条款不成为合同内容。因此该电费由房东承担。

 **关联法条**

《中华人民共和国民法典》

第四百六十六条 当事人对合同条款的理解有争议的，应当依据本法第一百四十二条第一款的规定，确定争议条款的含义。

合同文本采用两种以上文字订立并约定具有同等效力的，对各文本使用的词句推定具有相同含义。各文本使用的词句不一致的，应当根据合同的相关条款、性质、目的以及诚信原则等予以解释。

第四百九十六条 格式条款是当事人为了重复使用而预先拟定，并在订立合同时未与对方协商的条款。

采用格式条款订立合同的，提供格式条款的一方应当遵循公平原则确定当事人之间的权利和义务，并采取合理的方式提示对方注意免除或者减轻其责任等与对方有重大利害关系的条款,按照对方的要求,对该条款予以说明。提供格式条款的一方未履行提示或者说明义务,致使对方没有注意或者理解与其有重大利害关系的条款的,对方可以主张该条款不成为合同的内容。

第四百九十七条 有下列情形之一的,该格式条款无效:

(一)具有本法第一编第六章第三节和本法第五百零六条规定的无效情形;

(二)提供格式条款一方不合理地免除或者减轻其责任、加重对方责任、限制对方主要权利;

(三)提供格式条款一方排除对方主要权利。

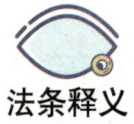

法条释义

以上条文是《民法典》对提供格式条款的一方应尽"提示、说明"义务的相关规定。

格式条款是当事人为了重复使用而预先拟定,并在订立合同时未与对方进行协商的条款。采用格式条款订立合同,法律考虑到当事人双方并没有经过平等协商的过程,而是由一方当事人提前制定,仅供对方"认可"或"拒绝"。因此,法律要求提供格式条款的一方,应该采取合理的方式提示对方注意免除或者减轻其责任等与对方有重大利害关系的条款,若当事人并未履行相关义务导致发生争议的,对方有权主张该条款不成为合同的内容。

由此可见,提供格式条款(包括格式合同)的一方在享受其带来交易便利的同时，也应当秉承诚实信用原则，对相关条款作出详细说明，避免日后产生纠纷。当然，接受格式条款的一方，在订立合同时也应提高警惕，仔细阅读相关条款，从而保障自身权益。

以口头方式订立中介合同,受法律保护吗?

生活小案例

房主陆先生与甲中介公司以口头方式订立合同,约定将自己名下的一套房屋委托该中介公司进行销售,同时支付中介费用3万元。

同年5月下旬,在该中介公司介绍下,华女士查看该房后,与陆先生达成了购房意向。6月中旬,陆先生与乙房屋服务有限公司签订了《房产买卖中介合同》,约定支付乙房屋服务有限公司中介费用2万元。8月4日,华小姐与陆先生完成了房屋买卖交易,陆先生向乙房屋服务有限公司支付了中介费用2万元。

甲中介公司认为陆先生的行为构成了违约,陆先生则声称因自己与甲中介公司并未订立书面协议,所约中介费用 3 万元一事无据可循，违约之说更是无从谈起。以口头方式达成的协议能否得到法律的保护呢？

案例分析

本案涉及合同订立方式问题。根据《民法典》的规定，当事人订立合同，可以采用书面形式、口头形式或者其他形式。

本案中，陆先生与甲中介公司以口头方式达成一致协议，委托甲中介公司帮助出售房屋一套，并约定将为此支付中介费用。陆先生与甲中介公司虽未签订书面协议，但在平等协商的情况下，以口头方式商定了合同的主要内容，足以促成合同成立。之后，经甲中介公司介绍，陆先生与华女士达成了购房意向。

由此可见，甲中介公司已经按照口头商定的合同内容履行了主要的合同义务，陆先生理应支付中介费用。可见，口头方式并不影响合同的缔结乃至生效；双方协商一致的结果当然可以成为当事人日后履约的依据，当事人若违背，则应当承担违约责任。

关联法条

《中华人民共和国民法典》

第四百六十九条 当事人订立合同，可以采用书面形式、口头形式或者其他形式。

书面形式是合同书、信件、电报、电传、传真等可以有形地表现所载内容的形式。

以电子数据交换、电子邮件等方式能够有形地表现所载内容，并可以随时调取查用的数据电文，视为书面形式。

第四百九十条 当事人采用合同书形式订立合同的，自当事人均签名、盖章或者按指印时合同成立。在签名、盖章或者按指印之前，当事人一方已经履行主要义务，对方接受时，该合同成立。

法律、行政法规规定或者当事人约定合同应当采用书面形式订立，当事人未采用书面形式但是一方已经履行主要义务，对方接受时，该合同成立。

第四百九十一条 当事人采用信件、数据电文等形式订立合同要求签订确认书的，签订确认书时合同成立。

当事人一方通过互联网等信息网络发布的商品或者服务信息符合要约条件的，对方选择该商品或者服务并提交订单成功时合同成立，但是当事人另有约定的除外。

第五百七十七条 当事人一方不履行合同义务或者履行合同义务不符合约定的，应当承担继续履行、采取补救措施或者赔偿损失等违约责任。

法条释义

以上条文是《民法典》对合同订立方式、成立时间以及违约责任承担的相关规定。

根据《民法典》的规定，当事人订立合同，可以采用书面形式、口头形式或者其他形式。

（1）书面形式，是指以文字等有形的表现方式订立合同的形式，包括合同书、信件、电报、电传、传真等。其优点在于能够准确地表明合同双方当事人的权利义务，使得合同双方当事人发生纠纷时有据可查。所以，法律要求凡是比较重要、繁琐的合同，都应当采用书面形式订立。

使用电子数据交换、电子邮件等订立的合同，也能够有形地表现所载内容，并且可以随时调取查用的数据电文，具有与文字等形式订立的合同相同的属性。因此，也将其视为书面合同，承认其书面合同的效力。

（2）口头形式，是指以口头形式订立合同的形式，口头合同意思表示都是用口头语言的形式表示的，没有用书面语言加以固定、记录。当事人运用语言对话的形式订立的合同，是口头合同。

订立合同时，在双方当事人没有特殊约定，法律也未作强制性规定的情况下，可以灵活采用口头、书面或其他方式；纵然双方约定，或法律要求应当以书面形式缔结合同，而当事人未采用书面形式的，为促成合同缔结，《民法典》采取了较为"宽容"的态度，即一方已经履行主要义务，对方接受时，该合同仍可成立，双方议定的内容仍然具有约束力。

在现实生活中，合同当事人可以结合实际情况，选择合适的缔约方式。但无论采取何种方式，在平等协商、意思自治的情况下所达成的协议都应得到双方的实际履行，协议之内容亦可成为追究违约责任的依据。

开发商没有兑现宣传中作出的承诺,是否构成违约?

生活小案例

某开发商以一幅中央水景广场音乐喷泉的宣传画作为宣传海报,并在其中说明:该楼盘为"国家康居示范工程"项目,小区内配备游泳池、网球场等。周某受广告宣传的吸引与开发商签订了《商品房买卖合同》。

合同签订后,周某支付了全部房款。周某在收房时,却发现该楼盘并未获得"国家康居示范工程"证书,小区的实际容积率和绿化面积也与宣传中的承诺有很大差距,且配套设施根本没有到位。此时,周某可以提出主张,要求开发商承担违约责任吗?

案例分析

本案的焦点在于开发商在商品房宣传广告中作出的承诺是否构成合同的内容。开发商在宣传广告中对小区房屋及相关设施的宣传均是具体、明确的，尤其是"国家康居示范工程"、容积率、绿化率、游泳池、网球场的宣传，对《商品房买卖合同》的订立和住房价格有重大影响。

一般而言，商家的商业广告和宣传从性质上看应视为要约邀请。但是案例中宣传内容符合要约的构成要件，应当视为要约。周某接受合同中所约定条款，即作出了承诺，签订合同促使合同成立、生效，稍后支付全部房款履行己方义务。既然开发商曾经的承诺构成合同的内容，如今未能兑现，理应承担违约责任。

关联法条

《中华人民共和国民法典》

第四百七十一条　当事人订立合同，可以采取要约、承诺方式或者其他方式。

第四百七十二条　要约是希望与他人订立合同的意思表示，该意思表示应当符合下列条件：

（一）内容具体确定；

（二）表明经受要约人承诺，要约人即受该意思表示约束。

第四百七十三条　要约邀请是希望他人向自己发出要约的表示。拍卖公告、招标公告、招股说明书、债券募集办法、基金招募说明书、商业广告和宣传、寄送的价目表等为要约邀请。

商业广告和宣传的内容符合要约条件的，构成要约。

第四百七十四条　要约生效的时间适用本法第一百三十七条的规定。

第五百七十七条　当事人一方不履行合同义务或者履行合同义务不符合约定的，应当承担继续履行、采取补救措施或者赔偿损失等违约责任。

第五百八十二条　履行不符合约定的，应当按照当事人的约定承担违约责任。对违约责任没有约定或者约定不明确，依据本法第五百一十条的规定仍不能确定的，受损害方根据标的的性质以及损失的大小，可以合理选择请求对方承担修理、重作、更换、退货、减少价款或者报酬等违约责任。

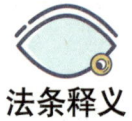

法条释义

以上条文是《民法典》对要约、要约邀请和违约责任的规定。

要约，是指一方当事人为了缔结合同，向对方当事人提出合同条件，希望对方当事人予以接受的意思表示。例如，小商贩推车售卖冰棍，一边走一边吆喝："卖冰棍了，一元一根！"这就是小商贩向不特定的人发出的售卖冰棍的要约。发出要约的一方称要约人，接受要约的一方称受要约人。要约是缔结合同的必经程序。

什么样的意思表示才能构成要约呢？一般应该符合以下条件：

（1）意思表示的内容具体、确定。内容具体，是指要约的意思表示必须详实，一般应该包含未来合同的主要条款。要约人发出要约后，一旦得到对方肯定性回复，作出承诺，合同即可成立（法律有其他特殊规定的除外）。内容确定，是指要约的意思表示必须恳切确定，不能含混不清，应当达到一般人能够理解其真实含义的水平，否则将影响合同的后续履行。

（2）表明要约人的"诚意"，即一旦得到对方的肯定性回复，即对方接受要约人提出的种种条件，要约人便要兑现之前的承诺。要约一经生效，要约人不得撤回、随意撤销或者对要约加以限制、变更或扩张。

应当注意要约与要约邀请的区别。要约邀请，又称为要约引诱，是指希望他人向自己发出要约的表示。例如，收购废品的人为了收购废品，经常会吆喝道："收冰箱、彩电、洗衣机……"这就是希望他人将废品卖给自己的要约邀请。要约邀请是当事人订立合同的预备行为，只是"抛出橄榄枝"，希望他人发出要约，即使得到对方回应，也不能促成合同成立。

在现实生活中，拍卖公告、招标公告、招股说明书、债券募集办法、基金招募说明书、商业广告和宣传、寄送的价目表等都是常见的要约邀请。但需要注意的是，如果商业广告和宣传的内容具备了要约条件，应认定为要约。

《最高人民法院关于审理商品房买卖合同纠纷案件适用法律若干问题的解释》第三条规定："商品房的销售广告和宣传资料为要约邀请，但是出卖人就商品房开发规划范围内的房屋及相关设施所作的说明和允诺具体确定，并对商品房买卖合同的订立以及房屋价格的确定有重大影响的，构成要约。该说明和允诺即使未载入商品房买卖合同，亦应当为合同内容，当事人违反的，应当承担违约责任。"

违约责任，是指在合同生效后，当事人一方不履行合同义务或者履行合同义务不符合合同约定而依法应当承担的民事责任。违约责任是民事责任中一种重要的形式。承担违约责任的具体方式如下：首先按照当事人之间的约定承担违约责任；若对违约责任没有约定或约定不明，可以依据《民法典》的规定予以推定；如仍不能确定，可结合实际情况请求对方承担修理、重作、更换、退货、减少价款或者报酬等违约责任。

网络购物，能够安心吗？

生活小案例

随着互联网消费日益普及，刘阿姨所居住的村子开通了快递。刘阿姨听村里年轻人说网上购物不仅方便，而且有各类促销活动，还能省不少钱！于是她让别人帮自己和家人在网上选了几件新衣服，可付完钱后，刘阿姨有了疑问：东西何时才能到？如果收到的商品有质量问题又该怎么办？

案例分析

　　本案涉及互联网交易的相关法律问题。网上购物属于互联网交易，即企业之间、企业和消费者之间以及个人与个人之间通过网络通信手段缔结交易的行为。

　　在互联网交易中确实存在一些不确定的因素，人们不再是面对面地、看着实实在在的货物、依靠纸质单据（包括现金）进行交易，而是借助于网上琳琅满目的商品的信息、完善的物流配送系统和方便安全的资金结算系统进行交易（买卖）。那么，电子合同怎样才算正式订立？应如何确定电子合同标的物的交付时间？这些疑问，《民法典》都给了解答。

　　依据《民法典》的规定，当事人一方通过互联网等信息网络发布的商品或者服务信息符合要约条件的，对方选择该商品或者服务并成功提交订单时合同成立；依法成立的合同，自成立时生效，但是当事人另有约定的除外。

　　所以，当刘阿姨选定商品成功提交订单时，买卖合同即成立且生效。随后，出售商品或提供服务的商家就应该如约履行义务，如果商家未履行其应尽的义务或者履行的义务不符合约定，刘阿姨可以依法要求商家承担违约责任，如退货退款、更换商品等。因此，刘阿姨可以安心购物、放心消费。

关联法条

《中华人民共和国民法典》

　　第四百九十一条　当事人采用信件、数据电文等形式订立合同要求签订确认书的，签订确认书时合同成立。

　　当事人一方通过互联网等信息网络发布的商品或者服务信息符合要约条件的，对方选择该商品或者服务并提交订单成功时合同成立，但是当事人另有约定的除外。

　　第四百九十二条　承诺生效的地点为合同成立的地点。

采用数据电文形式订立合同的，收件人的主营业地为合同成立的地点；没有主营业地的，其住所地为合同成立的地点。当事人另有约定的，按照其约定。

第五百零二条第一款 依法成立的合同，自成立时生效，但是法律另有规定或者当事人另有约定的除外。

第五百一十二条 通过互联网等信息网络订立的电子合同的标的为交付商品并采用快递物流方式交付的，收货人的签收时间为交付时间。电子合同的标的为提供服务的，生成的电子凭证或者实物凭证中载明的时间为提供服务时间；前述凭证没有载明时间或者载明时间与实际提供服务时间不一致的，以实际提供服务的时间为准。

电子合同的标的物为采用在线传输方式交付的，合同标的物进入对方当事人指定的特定系统且能够检索识别的时间为交付时间。

电子合同当事人对交付商品或者提供服务的方式、时间另有约定的，按照其约定。

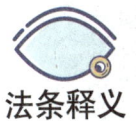

法条释义

以上条文是《民法典》对订立电子合同以及标的物交付时间的规定。

网络购物的买卖合同和网络服务合同，通常是在线上签订，并且缺少明显的要约、承诺的行为标志。根据网络交易的特点，一方在互联网等信息网络发布的商品或者服务信息，只要符合要约条件的，就认为是网络交易合同的要约。对方也就是消费者在网络上选择该商品或者服务，并成功提交订单的，视为承诺。

一般情况下，当网络交易服务界面显示提交订单成功时合同成立；合同成立后，若法律没有特殊规定，即刻生效，合同双方当事人便可按照约定行使权利、履行义务；采用快递物流方式交付的，收货人的签收时间为交付时间。

在"万物互联"的时代，电子合同已经成为线上交易的重要凭证，《民法典》中对电子合同的规定从法律层面为线上签约提供了有效的司法依据，可以帮助我们解决互联网交易中带来的一系列问题，推动电子合同发挥与纸质合同同等的法律效力，进一步加速网上购物的普及，同时保障网上交易的安全！

被误导而签订的格式合同有效吗？

生活小案例

小明想考资格证书，通过网络上某培训机构的广告向该培训机构的客服咨询课程服务。客服向小明推荐课程，并说明服务有效期是两年。小明觉得合适，便签下了课程购买合同。

可是，到了第15个月的时候，小明收到该培训机构的短信提示，说他的课程还有60天到期。小明致电培训机构询问情况，这时客服却回答他：课程的服务有效期是对应的四个学期，并不是自然年。

小明认为客服存在销售误导，所以要求该培训机构退还自己报名费。他的请求能够实现吗？

 **案例分析**

本案争议的焦点在于被误导签订的格式合同,是否可以撤销。格式合同内容上的格式化、特定性精简了的缔约程序,适应了现代商业发展的要求。格式合同虽然具有节约交易时间、事先分配风险、降低经营成本等优点,但同时也存在诸多弊端。

由于格式合同限制了合同自由原则,格式合同的拟定方可以利用其优越的经济地位,制定有利于自己而不利于消费者的合同条款。在这样的背景下,消费者一定要增强自我保护意识。

在本案中,小明向该培训机构的销售客服咨询课程服务时,客服介绍课程有效期是"两年"。然而,客服所谓的"两年"并不是我们传统意义上认为的自然年两年,而是对应的"四个学期"。这是一个偷换概念的行为,也就是销售误导。然而合同都是长篇大论,所以客户很可能因为没有看合同全部内容便签字而落到合同的坑里。像小明遇到的这种现象较为普遍。

根据《民法典》的规定,本案中提供格式条款的一方,也就是培训机构,应当遵循公平原则确定当事人之间的权利和义务,并采取合理的方式提示对方注意免除或者减轻其责任等与对方有重大利害关系的条款,并按照对方的要求,对该条款予以说明。如果未履行提示或者说明义务,致使对方没有注意或者理解与其有重大利害关系的条款的,对方可以主张该条款不成为合同的内容。

因此根据小明提供的证据,培训机构对于合同中的重要条款没有予以提示,存在误导销售。最终,法院应判决:培训机构退还小明百分之三十的课程费用。

关联法条

《中华人民共和国民法典》

第四百九十六条 格式条款是当事人为了重复使用而预先拟定,并在订立合同时未与对方协商的条款。

采用格式条款订立合同的,提供格式条款的一方应当遵循公平原则确定当事人之间的权利和义务,并采取合理的方式提示对方注意免除或者减轻其责任等与对方有重大利害关系的条款,按照对方的要求,对该条款予以说明。提供格式条款的一方未履行提示或者说明义务,致使对方没有注意或者理解与其有重大利害关系的条款的,对方可以主张该条款不成为合同的内容。

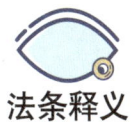

法条释义

以上条文是《民法典》对格式条款的相关规定。

格式条款又称标准条款,是指当事人为了重复使用而预先拟定、并在订立合同时未与对方协商的条款。由于格式合同使用率高,具有普遍使用价值,这也造成了一些条款可能会存在某些不利于对方的问题,所以格式条款容易引起纠纷。

从维护公平、保护弱者的角度出发,《民法典》对格式条款有三个方面的限制:

(1)提供格式条款的一方有提示和说明的义务,应当明确对方的要求,按照要求提醒对方注意相对应的条款,尤其是免除或者减轻其责任的条款,并且作出必要说明;

(2)格式条款无效的情形有:具有《民法典》第一编第六章第三节的某些情形;造成对方人身损害的;因故意或者重大过失造成对方财产损失的;提供格式条

款的一方不合理地免除或者减轻其责任、加重对方责任、限制对方主要权利的；提供格式条款的一方排除对方主要权利的。

（3）对格式条款的理解发生争议的，应按通常理解予以解释。对格式条款有两种以上解释的，应当作出不利于提供格式条款一方的解释。

格式条款有以下情形的，该条款无效：

（1）一方以欺诈、胁迫的手段订立合同，损害国家利益的；

（2）恶意串通，损害国家、集体或者第三人利益的；

（3）以合法形式掩盖非法目的的；

（4）损害社会公共利益的；

（5）违反法律、行政法规的强制性规定的。

质保金？管理费？双方各执一词，法院该如何认定？

生活小案例

甲公司与乙公司签订租赁合同，将其经营商场中的一处场地租赁给乙公司。双方特别约定：乙公司向甲公司支付3000元的质保金，待双方合同终止后90天内，乙公司未发现售后质量问题，则甲公司将质保金全额退还给乙公司。合同到期后，双方又续签合作合同。

在新合同中，甲公司将原质保金作了变更，将3000元质保金转为管理费，但是并没有提醒乙公司。后双方终止合作，乙公司要求甲公司退还质保金，而甲公司却认定该3000元系管理费，不予退还。双方产生争议，诉至法院，法院该如何作出判决？

案例分析

本案的焦点是3000元究竟是质保金还是管理费？若是质保金，甲公司就应当退还；而若是管理费，则无须退还。

根据《民法典》的规定，对格式条款的理解发生争议的，应当按照通常理解予以解释，对格式条款有两种以上解释的，应当作出不利于提供格式条款一方的解释。格式条款和非格式条款不一致的，应当采用非格式条款。而本案的格式条款系甲公司提供，而且甲公司在续签合同时变更了原合同条款却没有提醒对方注意，没有尽到提醒注意的合同义务。

对于乙公司而言，续签合同时并没有重新交纳3000元，乙公司有理由认为该3000元仍为质保金。当对格式条款的理解产生争议时，法律倾向于保护接受格式条款的一方，以期维系公平。因此，法院应判决由甲公司向乙公司退还3000元质保金。

《中华人民共和国民法典》

第四百九十八条 对格式条款的理解发生争议的，应当按照通常理解予以解释。对格式条款有两种以上解释的，应当作出不利于提供格式条款一方的解释。格式条款和非格式条款不一致的，应当采用非格式条款。

本条是《民法典》对格式条款的理解发生争议时应如何解释的规定。

采用格式条款订立的合同与一般合同不同，其特点有：

（1）采用格式条款订立的合同一般是由居于垄断地位的一方所拟定；

（2）采用格式条款订立的合同的对方当事人处于从属地位；

（3）采用格式条款订立的合同是完整、定型、持久的合同类型；

（4）采用格式条款订立的合同可以采用不同的样本，但必须是明确的书面形式。

格式条款有减少谈判时间和费用，从而节省交易成本的优点；但格式条款只充分实现了提供格式条款一方的合同自由，而限制了对方当事人参与合同缔结、协商合同条款的程度，容易产生不公平的结果。

因此，当合同双方对格式条款的理解发生争议时，首先应当按照通常理解予以解释；若对格式条款有两种以上解释，应当作出不利于提供格式条款一方的解释；当格式条款与非格式条款内容不一致时，应当采用非格式条款。

"涉他合同"的第三人有哪些权利和义务?

生活小案例

小枫将小李购买的衣服邮寄给小李,邮费到付,小李欣然同意。可当快递员将包裹派送至小李处时,小李却拒绝支付邮费,最后小枫向小美借钱支付了邮费,并约定由小李偿还。此案中,各方当事人之间是什么关系?

 案例分析

本案的关键在于如何理顺"涉他合同"中各方当事人之间的关系。本案中，小李与小枫、小枫与快递员之间就邮寄衣物一事协商一致，由此在小枫与小李之间形成了一个"涉他合同"：由小枫负责邮寄、小李向合同第三人支付邮费。

因此，在包裹派送至小李处时，债务人小李应向"第三人"快递员支付邮费；快递员也有权向小李提出支付请求。如快递员遭拒绝，债务人小李应向债权人小枫承担违约责任。针对小枫与小美之间的借款合同，因约定借款由小李偿还，也属于"涉他合同"。当"第三人"小李拒绝偿还借款时，则由债务人小枫向债权人小美承担违约责任。

 关联法条

《中华人民共和国民法典》

第五百二十二条第一款 当事人约定由债务人向第三人履行债务，债务人未向第三人履行债务或者履行债务不符合约定的，应当向债权人承担违约责任。

第五百二十三条 当事人约定由第三人向债权人履行债务，第三人不履行债务或者履行债务不符合约定的，债务人应当向债权人承担违约责任。

第五百二十四条 债务人不履行债务，第三人对履行该债务具有合法利益的，第三人有权向债权人代为履行；但是，根据债务性质、按照当事人约定或者依照法律规定只能由债务人履行的除外。

债权人接受第三人履行后，其对债务人的债权转让给第三人，但是债务人和第三人另有约定的除外。

法条释义

以上条文是《民法典》对涉及第三人利益合同的规定。

第三人利益的合同,又称"涉他合同",指的是双方当事人约定由一方向合同关系之外的第三方履行义务或者约定由第三方向债权人履行义务的合同。当债务人未向第三方实际履行,抑或第三方未向债权人实际履行时,鉴于合同的"相对性"原理,即合同的约束力只存在于合同相对人之间,所以只能由债务人向债权人承担违约责任,或者说债权人只能向债务人提出承担违约责任之请求。

在现实经济关系中,多方经济关系是非常普遍的。交易总是链条式或多环的,如何降低交易成本成为经济主体追求的目标之一,而简化交易环节则成了首选方式。而"涉他合同"的签订,无疑有助于节约履约成本,减少诉累,从而间接增加社会财富。

基础条件变化的合同可以解除吗？

生活小案例

村民阿发与村委会签订了一份《草原承包合同书》，承包了属于村集体的100亩草原，期限为30年。

可是没过几年，阿发承包的草原被划入国家湿地公园。当地自然资源局对阿发所在的村委会下发了通知，要求村委会将包含湿地的发包合同解除，恢复土地原始地貌，做好湿地环境保护。

村委会找到阿发协调，阿发以已经签订合同为由，拒绝迁出。村委会协商不成，于是诉至法院，要求解除《草原承包合同书》。村委会和阿发的争议应该如何解决呢？

案例分析

本案是草原承包合同纠纷。国家湿地公园是以保护湿地生态系统、合理利用湿地资源为目的、开展湿地宣传教育和科学研究,经国家林业局批准设立,按照有关规定予以保护和管理的特定区域。根据《国家湿地公园管理办法》第十九条规定,禁止在国家湿地公园内擅自放牧、捕捞、取土、取水、排污、放生。

本案中阿发承包的草原被划入国家湿地公园范围,如果阿发继续履行与村委会签订的合同,必然违反法律规定,破坏湿地及其生态功能。但是,《草原承包合同书》合法有效。对于这一矛盾,应该如何解决呢?

合同在履行过程中,因案涉地块被划归为国家湿地公园范围内,发生了当事人在订立合同时无法预见的、不属于商业风险的重大变化,合同目的不能实现,应予解除,阿发需要迁出湿地。由于阿发受到损失,所以村委会应将剩余期限的承包费退还给阿发;并且阿发可以就迁出湿地受到损失,再另行主张补偿。

关联法条

《中华人民共和国民法典》

第五百三十三条　合同成立后,合同的基础条件发生了当事人在订立合同时无法预见的、不属于商业风险的重大变化,继续履行合同对于当事人一方明显不公平的,受不利影响的当事人可以与对方重新协商;在合理期限内协商不成的,当事人可以请求人民法院或者仲裁机构变更或者解除合同。

人民法院或者仲裁机构应当结合案件的实际情况,根据公平原则变更或者解除合同。

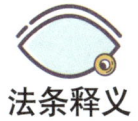

法条释义

以上条文是《民法典》对基础条件发生变化合同中情势变更原则的规定。

情势变更是指合同成立后,合同的基础条件发生了当事人在订立合同时无法预见的、不属于商业风险的重大变化,继续履行合同对于当事人一方明显不公平的,受不利影响的当事人可以与对方重新协商;在合理期限内协商不成的,当事人可以请求人民法院或者仲裁机构变更或者解除合同。

《民法典》将情势变更原则由司法解释提升为基本规则,对引起情势变更的客观情况作出解释,并且给予当事人选择权:在合理期限内协商不成的,当事人可以请求人民法院或者仲裁机构变更或者解除合同。

当然,变更或者解除合同的条件是因情势变更而使原合同的履行对于当事人一方明显不公平。"不公平"的判断标准有以下几个方面:

(1)是否符合诚实信用原则、公平合理原则;

(2)显失公平的结果使双方利益关系发生重大变动,危害交易安全;

(3)主张适用的一方因不适用而遭受的损失,一般要远大于适用时对方所遭受的损失。

实名制购票的旅客将票丢失后,应该怎么办?

生活小案例

小赵假期前往北京旅游,在车站购买了前往北京的火车票,但在距离停止检票时间还有40分钟时发现火车票不慎丢失。小赵应当怎么办呢?

案例分析

本案涉及旅客须持有效客票乘车的相关法律规定。首先,购买的实名制客票属于合同凭证,是客运合同的重要组成部分。其次,客票也是一种债权凭证,客票所有人享有要求铁路企业按照客票所记载的时间、车次将自己运送到所记载的目的地的请求权,债权债务关系因旅客被送达目的地而消灭。

本案中,小赵丢失客票仅代表债权凭证丢失,却并不代表债权债务关系的消灭,因此,小赵丢失客票之后可以携带个人有效证件到售票窗口进行挂失补办。

关联法条

《中华人民共和国民法典》

第五百五十七条　有下列情形之一的,债权债务终止:

(一)债务已经履行;

(二)债务相互抵销;

(三)债务人依法将标的物提存;

(四)债权人免除债务;

(五)债权债务同归于一人;

(六)法律规定或者当事人约定终止的其他情形。

合同解除的,该合同的权利义务关系终止。

第八百一十四条　客运合同自承运人向旅客出具客票时成立,但是当事人另有约定或者另有交易习惯的除外。

第八百一十五条第二款　实名制客运合同的旅客丢

失客票的,可以请求承运人挂失补办,承运人不得再次收取票款和其他不合理费用。

第八百一十六条 旅客因自己的原因不能按照客票记载的时间乘坐的,应当在约定的期限内办理退票或者变更手续;逾期办理的,承运人可以不退票款,并不再承担运输义务。

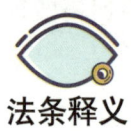

法条释义

以上条文是《民法典》对旅客须持有效客票乘运的相关规定。

在客运合同中,客票是表示承运人负有运送客票持有人义务的书面凭证,是代表旅客乘坐费用的收据,是旅客和承运人双方当事人之间存在客运合同的有效文书。

客运合同自承运人向旅客出具客票时成立,但是当事人另有约定或者另有交易习惯的除外。合同一旦成立,旅客与承运方形成债权债务关系,此债权债务关系以旅客按照客票所记载的时间、车次被运送到所记载的目的地而终止。

旅客必须出示有效客票,按照有效客票记载的时间、班次和座位号乘坐,无票不能乘坐。如果旅客无票乘坐或持不符合减价条件的优惠客票乘坐,都属于逃票行为。如果旅客超程乘坐、超级乘坐,则属于违约行为,应当承担违约责任。承担违约责任的主要方式是补交票款,承运人可以按照规定加收票款。旅客不支付票款的,承运人可以拒绝运输。

现实生活中，多数客运合同都实行实名制。因此《民法典》作出规定，实名制客运合同的旅客丢失客票的，可以请求承运人挂失补办，承运人不得再次收取票款和其他不合理费用。这样的规定合情合理，有利于保障旅客的合法权益。

什么是清偿抵充？法定抵充顺序是什么？

生活小案例

胡某于2019年5月1日向李某催收到期借款50万元，附有利息15万元。2020年4月1日，胡某再向李某催收到期借款40万元，附有利息10万元，该笔借款由王某进行保证。2021年3月1日，双方商议再借贷30万元，期限为两年。各笔债务的清偿费用均需1000元。

可是，在2022年6月1日，李某向胡某清偿了60万元，但是未明确说明清偿的究竟是哪笔借款。2022年9月1日，胡某、李某就已履行的60万元应当如何清偿这三笔借款无法达成一致，诉至法院。对此情形法院应该如何认定呢？

案例分析

本案涉及清偿抵充中清偿顺序的认定问题。清偿抵充是指债务人对同一债权人负担数项同种类债务，而债务人的给付不足以清偿全部债务时，确定该给付抵充其中某种或某几种债务的现象。明确清偿抵充顺序的方法包括约定抵充、指定抵充以及法定抵充。本案中，当事人之间未就清偿抵充的顺序进行约定，且债务人在清偿时也未指定其履行的债务，因此，需要依据法律的规定来明确此次债务人的清偿将用来抵充哪一笔债务。

根据《民法典》的相关规定：应首先抵充实现债权的有关费用3000元（每笔清偿费用1000元）；其次抵充第一笔借款的利息15万元和第二笔借款的利息10万元；最后抵充主债务。对于主债务的清偿，若数项债务均已到期，应优先抵充缺乏担保的或担保最少的债务。

在本案中，因本金50万元、本金30万元的两笔债务均无担保，应优先抵充；且在这两笔债务中，应当优先清偿债务人负担较重的债务，即应当优先抵充本金50万元的这笔债务的本金。

关联法条

《中华人民共和国民法典》

第五百六十条 债务人对同一债权人负担的数项债务种类相同，债务人的给付不足以清偿全部债务的，除当事人另有约定外，由债务人在清偿时指定其履行的债务。

债务人未作指定的，应当优先履行已经到期的债务；数项债务均到期的，优先履行对债权人缺乏担保或者担保最少的债务；均无担保或者担保相等的，优先履行债务人负担较重的债务；负担相同的，按照债务到期的先后顺序履行；到期时间相同的，按照债务比例履行。

第五百六十一条 债务人在履行主债务外还应当支付利息和实现债权的有关费用，其给付不足以清偿全部债务的，除当事人另有约定外，应当按照下列顺序履行：

（一）实现债权的有关费用；

（二）利息；

（三）主债务。

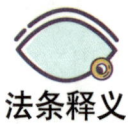

法条释义

以上条文是《民法典》对清偿抵充的规定。

清偿抵充，是指债务人对同一债权人负担数项债务，而且债务的种类相同，如清偿人的给付不足以清偿全部债务时，由债务人指定应当清偿哪一项债务的制度。例如，债务人欠银行数宗欠款，在其给付不能清偿全部债务时，此次清偿应偿还哪笔欠款，就是清偿抵充。当事人在清偿时若要进行抵充，需要注意以下两点：

（1）清偿抵充的前提。清偿抵充应同时具备三个条件：

①应是同一债务人对同一个债权人负担数笔债务；

②数笔债务的种类相同，例如均为支付金钱；

③债务人的给付不足以清偿全部债务。

（2）抵充的种类。抵充分为约定抵充、指定抵充与法定抵充。首先，应按照意思自治原则，进行约定抵充，只要约定合法，则无干预的必要。如无约定，则应进行指定抵充，指定权应于清偿时行使，如无指定则依诚实信用原则及权利失效理论视为放弃指定。既无约定抵充，又无指定抵充，则进行法定抵充。

《民法典》对法定抵充的顺序作出了明确规定，其顺序是：

①优先履行已到期的债务;

②数项债务均已到期的,优先履行对债权人缺乏担保或者担保最少的债务;

③均无担保或者担保相等的,优先履行债务人负担较重的债务;

④负担相同的,按照债务到期的先后顺序履行;

⑤到期时间相同的,按债务比例履行。

随着市场经济的日益发达,资金流通途径逐渐扩大,债务人的不足额支付情况大幅增加。在司法实践中确定相关原则,对债务的清偿抵充顺序作出规定,使得债权能够通过合法的途径得到实现,既有利于更好地平衡双方的利益,也是对现行中国民事法律制度的完善。

合同当事人要进行精神损害赔偿吗?

> 承担违约责任,赔偿精神损失!

生活小案例

一高档小区内的物业公司未能对黄某进行身份检查登记,导致黄某进入小区后持刀进入王先生家中盗窃。在二人搏斗过程中,王先生不幸受伤,受伤程度构成八级伤残。

现王先生以物业公司违反物业管理合同中安全管理义务的约定,致使自身受伤为由起诉物业公司,要求物业公司承担违约责任并给予精神损害赔偿。物业公司对违约责任的承担并无异议,但拒绝承担精神损害赔偿。物业公司的主张能得到支持吗?

案例分析

本案的焦点在于物业公司是否要承担精神损害赔偿。本案中,王先生与物业公司存在物业管理合同,构成了法律上的民事法律关系。彼此之间依约享有权利、承担义务。

物业公司未能对进出小区的黄某进行身份检查登记,致使黄某持刀进入王先生家中盗窃,并对王先生的身体造成实际侵害。物业公司违反了物业管理合同中安全管理义务的约定,理应承担违约责任。

与此同时,依据《民法典》的规定,如果物业公司的违约行为造成王先生人格权(具体指身体权)受损,并引发严重精神损害,王先生可以请求物业公司在承担违约责任的同时承担精神损害赔偿。

关联法条

《中华人民共和国民法典》

第五百七十七条 当事人一方不履行合同义务或者履行合同义务不符合约定的,应当承担继续履行、采取补救措施或者赔偿损失等违约责任。

第五百八十四条 当事人一方不履行合同义务或者履行合同义务不符合约定,造成对方损失的,损失赔偿额应当相当于因违约所造成的损失,包括合同履行后可以获得的利益;但是,不得超过违约一方订立合同时预见到或者应当预见到的因违约可能造成的损失。

第九百九十条 人格权是民事主体享有的生命权、身体权、健康权、姓名权、名称权、肖像权、名誉权、荣誉权、隐私权等权利。

除前款规定的人格权外，自然人享有基于人身自由、人格尊严产生的其他人格权益。

第九百九十一条 民事主体的人格权受法律保护，任何组织或者个人不得侵害。

第九百九十六条 因当事人一方的违约行为，损害对方人格权并造成严重精神损害，受损害方选择请求其承担违约责任的，不影响受损害方请求精神损害赔偿。

法条释义

以上条文是《民法典》对合同中违约责任以及人格权的相关规定。

违约责任，是指在当事人一方违反第一性义务后而产生的第二性义务，即当事人一方不履行合同义务或者履行合同义务不符合约定而依法应当承担的民事责任。

合同一方主体因违约所招致的损害赔偿的范围，法律给予了明确的规定：以"补偿原则"为主，即损失赔偿金额应当相当于因违约所造成的损失，包括合同履行后可获得的利益；但不得超过违约一方订立合同时预见到或者应当预见到的因违约可能造成的损失。由此可见，违约责任的承担不包括精神损害赔偿。

但在此需要注意的是，《民法典》同时规定，当事人一方的违约行为若损害对方的人格权，包括生命权、身体权、健康权、姓名权、名称权、肖像权、名誉权、荣誉权、隐私权等，且造成严重精神损害的，受损害方既可以请求对方承担违约责任，还可以要求对方进行精神损害赔偿。

合同规定的违约金不合适，后期可以调整吗？

生活小案例

甲公司与乙公司签订钢材买卖合同，约定了违约责任条款：买方乙公司如果逾期付款，钢材单价按每日每吨加价5元支付，同时约定了"按未付款总额每日千分之三"支付违约金。

合同约定期限到期后，乙公司逾期67天支付钢材款，却不支付违约金。甲公司将乙公司告上法院，请求乙公司支付违约金。两个公司之前签订合同的违约责任有效吗？甲公司现在的主张成立吗？

案例分析

本案的焦点在于买卖合同的违约责任条款规定。双方当事人在钢材购买行为发生之前签订买卖合同,并规定了违约责任条款。在本案中,双方当事人均认可该买卖合同,所以不管是合同中的"加价款"还是"按未付款总额每日千分之三"的违约责任条款,均不属于格式条款,乙公司应当按照合同条款支付违约金。

在"加价款"和"按未付款总额每日千分之三"两种违约责任同时存在的情况下,根据乙公司已全部支付货款本金情况,适用责任较重的违约金条款足以弥补甲公司损失。如果同时适用两种违约责任承担方式,显然已经超出乙公司在订立合同时的"预见到或者应当预见到的因违反合同所可能造成的损失",不符合乙公司真实意思表示,也有违公平原则和诚实信用原则。

所以,甲公司同时要求乙公司按两项违约条款承担违约责任主张不成立,法院应判决乙公司按未付款总额每日千分之三支付甲公司违约金。

关联法条

《中华人民共和国民法典》

第五百八十五条 当事人可以约定一方违约时应当根据违约情况向对方支付一定数额的违约金,也可以约定因违约产生的损失赔偿额的计算方法。

约定的违约金低于造成的损失的,人民法院或者仲裁机构可以根据当事人的请求予以增加;约定的违约金过分高于造成的损失的,人民法院或者仲裁机构可以根据当事人的请求予以适当减少。

当事人就迟延履行约定违约金的,违约方支付违约金后,还应当履行债务。

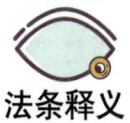

法条释义

以上条文是《民法典》对合同中违约金调整方法的相关规定。

违约金是指合同的一方当事人不履行或不适当履行合同的时候,按照合同约定,为自己的违约行为支付的一定数额的金钱。当事人可以约定一方违约时支付一定数额的违约金,也可以约定因违约产生的损失赔偿额的计算方法。

根据约定违约金的目的,可以将违约金区分为赔偿性的违约金、惩罚性的违约金和责任限制性违约金。

在制定合同时,违约金可能存在规定过高或者过低的情况,根据当事人的请求,违约金可以调整。如果当事人约定的违约金超过造成损失的百分之三十的,一般可以认定为过分高于造成的损失。

如果当事人迟延履行约定违约金,应当按照约定支付违约金,但是支付了违约金之后,违约方依然要继续履行应当履行的债务。值得注意的是,《民法典》中仅规定了迟延履行违约金和继续履行债务之间的关系,并没有具体规定违约金和其他违约责任形式之间的关系,也没有具体规定在其他违约类型中违约金和继续履行债务之间的关系。因此关于这些关系的处理,需要结合具体情形再进行分析。

合同履行的基本原则有哪些?

生活小案例

白先生购买A公司总价50万元的楼房一套,并于当天交给A公司定金15万元,A公司的经办人承诺:15日后白先生交齐全部购房款即给其钥匙并给其办理产权证。

15日后,白先生与A公司签订了购房合同,并支付剩余购房款35万元,但是A公司并未按合同约定将楼房交付白先生。另查明,这套楼房已经在三年前卖给了梁某,梁某已经取得了该楼房的所有权证。

所以,白先生诉至法院,请求依法判令A公司解除购房合同,双倍返还自己所交购房定金,即30万元;承担赔偿责任50万元;并由A公司负担诉讼费用。法院会如何判决呢？

 案例分析

　　本案涉及合同的诚实守信原则。在本案中，白先生与A公司签订的购房合同内容没有违反有关法律规定，该合同为有效合同。A公司应该按照《民法典》第五百零九条的规定，履行其交付房产的义务。

　　但是，A公司出售给白先生的楼房是已经出售过的，第三人梁某已经取得了楼房的所有权，导致白先生与A公司签订的购房合同已不能履行。所以，白先生请求解除该合同符合法律规定。

　　而且，A公司故意隐瞒所售房屋已经出卖给第三人的事实，又与白先生签订商品房买卖合同，是不诚信的行为，所以白先生请求A公司承担赔偿责任并返还定金，理由正当，符合相关法律规定。

　　但是，根据《民法典》规定，定金的数额不得超过主合同标的额的百分之二十，超过部分不产生定金的效力。所以，涉案房屋总价50万元，定金最高应该是10万元，那么高出的5万元将视为购房款，也就是说，白先生交付定金10万元和购房款40万元。

　　法院应作出以下判决：A公司赔偿白先生购房款40万元，双倍返还定金20万元，共计60万元；A公司承担诉讼费用。

关联法条

《中华人民共和国民法典》

　　第五百零九条　当事人应当按照约定全面履行自己的义务。

　　当事人应当遵循诚信原则，根据合同的性质、目的和交易习惯履行通知、协助、保密等义务。

　　当事人在履行合同过程中，应当避免浪费资源、污染环境和破坏生态。

第五百八十六条 当事人可以约定一方向对方给付定金作为债权的担保。定金合同自实际交付定金时成立。

定金的数额由当事人约定；但是，不得超过主合同标的额的百分之二十，超过部分不产生定金的效力。实际交付的定金数额多于或者少于约定数额的，视为变更约定的定金数额。

法条释义

以上条文是《民法典》对合同履行的基本原则的相关规定。

合同的履行有以下三个原则：

（1）全面履行原则。全面履行原则又称适当履行原则或者正确履行原则。它要求当事人按照合同约定的标的、质量、数量、期限、地点和方式，全面完成合同。依法成立的合同在订立合同的当事人之间具有法律效力，所以合同当事人受到合同的约束。

（2）诚实信用原则。《民法典》规定：当事人应当遵循诚实信用原则，根据合同的性质、目的和交易习惯履行通知、协助、保密等义务。

诚实信用是合同履行的基本原则，它要求人们在市场活动中讲究信用，诚实不欺，在不损害他人利益和社会利益的基础上追求自己的利益。诚实信用原则是一个抽象的法律概念，兼具法律和道德的双重功能，是生产经营活动的基础。

基于诚实信用原则，当事人在履行合同时，不得履行自己已知有害于债权人的合同；在发生不可抗力或者因其他原因导致合同不能履行或者不能按约定条件履行时，债务人应当及时通知债权人；遵守公平原则合理履行合同。

（3）情势变更原则。情势变更原则是指在合同成立后至履行完毕前的一段时间内，合同存在的基础和环境可能因不可归责于当事人的原因发生变更，如果继续履行合同将显失公平，所以允许变更合同或者解除合同。

《民法典》对情势变更原则作出明确规定：合同成立后，合同的基础条件发生了当事人在订立合同时无法预见的、不属于商业风险的重大变化，继续履行合同对于当事人一方明显不公平的，受不利影响的当事人可以与对方重新协商；在合理期限内协商不成的，当事人可以请求人民法院或者仲裁机构变更或者解除合同。

买到过期食品，消费者需要承担责任吗？

生活小案例

王某在某超市购买了一袋馒头，回家后发现馒头已经过了保质期，要求超市退钱并赔偿。超市认为馒头是王某自己挑选的，与王某也有关，所以只同意换货。

在沟通无果的情况下，王某拨打消费者申诉举报热线12315，向12315提供了购物发票、照片、商品实物等，主张超市退还货款，并赔偿自己1000元。王某的诉求合法吗？

 **案例分析**

本案的焦点在于馒头过期，王某是否需要承担责任。根据相关法律规定，超市出售的馒头应该符合质量要求，如果超过保质期，超市应当及时清理下架。因此本案中，应当认定为超市销售了明知是不符合食品安全标准的食品。所以，这只是超市单方面的责任，与王某无关。

王某购买馒头支付了金钱，与超市存在买卖合同关系。同时王某向12315提供了购物发票、照片、商品实物等，证据链已经形成，作为消费者的王某完成了相应的举证责任。超市应当退还王某货款并支付王某赔偿金。

但是，赔偿金1000元是否有法律规定呢？根据《中华人民共和国食品安全法》第一百四十八条的规定："生产不符合食品安全标准的食品或者经营明知是不符合食品安全标准的食品，消费者除要求赔偿损失外，还可以向生产者或者经营者要求支付价款十倍或者损失三倍的赔偿金；增加赔偿的金额不足一千元的，为一千元。"所以，王某要求赔偿1000元符合法律规定。

 **关联法条**

《中华人民共和国民法典》

第五百九十五条 买卖合同是出卖人转移标的物的所有权于买受人，买受人支付价款的合同。

第六百一十五条 出卖人应当按照约定的质量要求交付标的物。出卖人提供有关标的物质量说明的，交付的标的物应当符合该说明的质量要求。

第六百一十七条 出卖人交付的标的物不符合质量要求的，买受人可以依据法律规定请求承担违约责任。

《中华人民共和国食品安全法》

第一百四十八条 消费者因不符合食品安全标准的食品受到损害的，可以向经营者要求赔偿损失，也可以向生产者要求赔偿损失。接到消费者赔偿要求的生产经营者，应当实行首负责任制，先行赔付，不得推诿；属于生产者责任的，经营者赔偿后有权向生产者追偿；属于经营者责任的，生产者赔偿后有权向经营者追偿。

生产不符合食品安全标准的食品或者经营明知是不符合食品安全标准的食品，消费者除要求赔偿损失外，还可以向生产者或者经营者要求支付价款十倍或者损失三倍的赔偿金；增加赔偿的金额不足一千元的，为一千元。

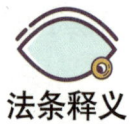

法条释义

以上条文是《民法典》和相关法律对买卖合同中出卖人的相关规定。

出卖人按照约定的质量要求交付标的物，出卖人提供有关标的物质量说明的，交付的标的物应当符合该说明的质量要求，这是出卖人的一项基本义务。质量说明包括规格、等级、所含主要成分的名称和含量、有效使用期等。

法律规定的商品必须有质量说明的，商品的质量一定要符合标准；法律没有要求有质量说明，但是如果当事人约定需要有质量说明的，交付标的物需要有质量说明，交付标的物不符合该说明质量要求的，出卖人要承担违约责任。需要明确的是，没有要求交付质量说明的，当事人虽然可以不交付质量说明，但是交付的标的物的质量必须符合合同的具体要求。

出卖人交付标的物不符合质量要求的，应当承担违约责任，标的物质量不符合要求的应当具备以下两个构成要件：

（1）交付的标的物有瑕疵。

（2）标的物瑕疵在标的物风险转移时存在。只要标的物在交付给买受人之时存在瑕疵，出卖人即应承担责任。

分期付款的贷款到期还不上会怎么样？

生活小案例

小静总想整容，可是手术费很高，这让她望而却步。一天，小静在朋友圈看到一个老乡发布的"免费美容整形"广告，说有"无抵押、免担保、分期付款"的"美容贷"。小静心动了。

于是，小静开始贷款整容。就在这段时间，小静的工作不是很顺利，于是小静提出离职。贷款还款期限很快就到了，面对催讨，小静拿不出钱，又不想向父母要，于是她索性搬家，并且拒接催讨电话。整形医院无奈之下将小静起诉至法院，请求小静支付全部价款。小静接下来会面临什么处境呢？

案例分析

在本案中，小静为了整容去贷款，又因为没钱还而选择逃避还款。但是，小静与整形医院签订的"美容贷"合同是有效合同，所以她必须履行合同。

根据《民法典》规定，分期付款的买受人未支付到期价款的数额达到全部价款的五分之一，经催告后在合理期限内仍未支付到期价款的，出卖人可以请求买受人支付全部价款或者解除合同。所以，整形医院提出支付全部价款的请求合法。

爱美之心人皆有之，因爱美选择医学美容本来也无可厚非，但是在没有消费能力的情况下，通过"美容贷"去美容则不值得提倡。当消费者还款逾期时，就会面临高额违约金、利息等各种损失，一旦被诉至法院，可能还要承担合同约定的律师费、诉讼费，无法偿还时会影响个人征信。

关联法条

《中华人民共和国民法典》

第六百三十四条　分期付款的买受人未支付到期价款的数额达到全部价款的五分之一，经催告后在合理期限内仍未支付到期价款的，出卖人可以请求买受人支付全部价款或者解除合同。

出卖人解除合同的，可以向买受人请求支付该标的物的使用费。

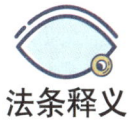
法条释义

以上条文是《民法典》对分期付款合同的规定。

以上条文是在《中华人民共和国合同法》（2021年1月1日废止）第一百六十七条的规定上变更而来的。在《中华人民共和国合同法》中，只要分期付款的买受人未支付到期价款的数额达到全部价款的五分之一的,出卖人就可以单方解除合同。

《民法典》在此基础上增加一个限定条件,即"经催告后在合理期限内仍未支付到期价款"。因为对于纯金钱给付义务来说,如果仅仅是买受人未支付到期价款的数额达到总价款的五分之一,出卖人的合同目的就无法实现,就可以直接法定解除合同,这对于买受人而言过于苛刻。

因此,增加经催告并给予合理的履行期的限定条件,是把分期付款买卖合同的法定解除权的立法基础从"合同目的无法实现"转变为"经催告仍不履行",也就给了买受人更加合理的处理方式,这样一来,保证了买卖当事人之间的利益平衡。

分期付款买卖合同解除有以下两点特别规定:

(1)合同当事人可以在合同订立前或者订立后,协商设立合同解除的条件。当然,合同的有关约定不得低于法律规定的对保护买受人有利的标准。

(2)达到法定的条件时,合同一方当事人有权单方解除合同。通则规定的这些条件中,"致使不能实现合同目的"是违约行为的核心,但是"不能实现合同目的"的表现情形,需要根据不同种类的合同以及具体的个案来判断。

根据《民法典》规定,分期付款的买受人未支付到期价款的数额达到全部价款的五分之一,经催告后在合理期限内仍未支付到期价款的,出卖人可以请求买受人支付全部价款或者解除合同。

承诺捐赠的款项，可以在捐赠前撤销吗？

生活小案例

大企业家王某决定向某慈善机构捐款100万元，作为留守儿童的教学补助，为此订立了书面赠与合同。新闻媒体广为报道，公司股价因此上涨。但王某却在赠与财产转移前，以公司扩展业务急需资金为由，要求撤销赠与行为。王某此举合法吗？

案例分析

本案的焦点在于赠与方能否在交付赠与标的物之前撤销赠与。所谓赠与合同，是指赠与人将自己的财产无偿给予受赠人，受赠人愿意接受赠与的合同。

从赠与合同的含义可以看出，赠与是一种合意，是双方法律行为，赠与合同虽为单务无偿合同，但也需要有当事人双方一致的意思表示才可成立；如果一方有赠与意愿，而另一方不愿接受赠与，则该合同不能成立。

本案中，双方就赠与事项达成一致，赠与合同成立并生效。因此，赠与方应如约实际履行合同，否则应承担违约责任。依据《民法典》和《中华人民共和国慈善法》的相关规定，该合同是具有公益性质的赠与合同，属于依法不可撤销的情形，且王某不存在"经济状况显著恶化，严重影响其生产经营或者家庭生活"的情形。因此，王某不得撤销该赠与行为，慈善机构可以请求其如约履行捐赠义务。

关联法条

《中华人民共和国民法典》

第六百五十八条　赠与人在赠与财产的权利转移之前可以撤销赠与。

经过公证的赠与合同或者依法不得撤销的具有救灾、扶贫、助残等公益、道德义务性质的赠与合同，不适用前款规定。

第六百六十条　经过公证的赠与合同或者依法不得撤销的具有救灾、扶贫、助残等公益、道德义务性质的赠与合同，赠与人不交付赠与财产的，受赠人可以请求交付。

依据前款规定应当交付的赠与财产因赠与人故

意或者重大过失致毁损、灭失的，赠与人应当承担赔偿责任。

第六百六十三条 受赠人有下列情形之一的，赠与人可以撤销赠与：

（一）严重侵害赠与人或者赠与人近亲属的合法权益；

（二）对赠与人有扶养义务而不履行；

（三）不履行赠与合同约定的义务。

赠与人的撤销权，自知道或者应当知道撤销事由之日起一年之内行使。

第六百六十六条 赠与人的经济状况显著恶化，严重影响其生产经营或者家庭生活的，可以不再履行赠与义务。

《中华人民共和国慈善法》

第四十一条 捐赠人应当按照捐赠协议履行捐赠义务。捐赠人违反捐赠协议逾期未交付捐赠财产，有下列情形之一的，慈善组织或者其他接受捐赠的人可以要求交付；捐赠人拒不交付的，慈善组织和其他接受捐赠的人可以依法向人民法院申请支付令或者提起诉讼：

（一）捐赠人通过广播、电视、报刊、互联网等媒体公开承诺捐赠的；

（二）捐赠财产用于本法第三条第一项至第三项规定的慈善活动，并签订书面捐赠协议的。

捐赠人公开承诺捐赠或者签订书面捐赠协议后经济状况显著恶化，严重影响其生产经营或者家庭生活的，经向公开承诺捐赠地或者书面捐赠协议签订地的民政部门报告并向社会公开说明情况后，可以不再履行捐赠义务。

法条释义

以上条文是《民法典》和《中华人民共和国慈善法》对赠与合同的任意撤销权及限制的相关规定。

《民法典》明确了赠与合同的两个重要问题：

其一，赠与人的任意撤销权，是指无须具备法定情形，赠与人依其意思任意撤销赠与的权利。对赠与的撤销也不是绝对的，存在例外情形：

（1）标的物已经交付或已办理登记等有关手续时，赠与的标的物已经转移，赠与行为已经完成，因而不得撤销；

（2）赠与合同订立后，已经过公证，意味着赠与的意思表示已经过慎重考虑，不得任意撤销；

（3）具有救灾、扶贫、助残等公益、道德义务性质的赠与合同不得撤销。原《中华人民共和国合同法》仅规定救灾、扶贫等赠与合同不得任意撤销；《民法典》为了加大对弱势群体的保护，体现对残疾人权益的保护，解决实践中存在的虚假助残捐赠问题，增加了"助残"情形。

其二，关于不得撤销的赠与财产的赔偿责任，即因赠与人故意或者重大过失致使应当交付的赠与财产毁损、灭失的，赠与人应当承担赔偿责任。原《中华人民共和国合同法》对于赔偿责任的规定并不明确，《民法典》予以弥补，强调在不得任意撤销的情形下，因赠与人故意或重大过失致使赠与财产毁损、灭失的，赠与人须承担赔偿责任。

受赠与人不履行义务，赠与人有权撤销赠与吗？

生活小案例

李大爷和张大妈夫妇领养了侄子小龙，并确立了领养关系，但是小龙对养父母并不孝顺。随着年龄越来越大，老夫妇俩担心养子小龙抛弃他们，于是要求他写下保证书，内容主要是：李大爷和张大妈将一套房屋无偿过户给小龙，如果小龙不尽赡养义务，李大爷和张大妈可将房屋产权收回。

拿到小龙的"保证书"后，夫妇俩将房屋过户到小龙名下。可是，小龙并没有因此有所收敛，李大爷病重的时候，他甚至都不管不问。李大爷虽然非常伤心，但想到妻子将来无人照顾，就没有撤销赠与。

李大爷去世后，小龙更加肆无忌惮，不但不给张大妈生活费和医药费，而且打算将房子拿去办理抵押贷款，张大妈死活不同意，为此两个人发生了激烈的争吵。小龙的行为让张大妈彻底绝望，于是张大妈将小龙告上法庭，想要撤销赠与。法院会如何判决呢？

案例分析

本案是典型的老年人附义务赠与纠纷案件。附义务赠与合同是指以受赠与人或第三人负担一定义务为条件的赠与合同。赠与附义务的，受赠人应当按照约定履行义务。

本案中，李大爷和张大妈将房产赠与小龙，小龙应当承担赡养老人的义务，但是小龙完全不履行义务，显然这一合同目的无法实现。

根据张大妈的诉讼请求和提供的证据以及小龙的情况，法院应依法判决：撤销赠与合同，将赠与小龙的房屋重新登记到张大妈的名下。

关联法条

《中华人民共和国民法典》

第六百六十一条 赠与可以附义务。

赠与附义务的，受赠人应当按照约定履行义务。

第六百六十三条 受赠人有下列情形之一的，赠与人可以撤销赠与：

（一）严重侵害赠与人或者赠与人近亲属的合法权益；

（二）对赠与人有扶养义务而不履行；

（三）不履行赠与合同约定的义务。

赠与人的撤销权，自知道或者应当知道撤销事由之日起一年内行使。

法条释义

以上条文是《民法典》对附义务赠与的相关规定。

附义务赠与主要有以下五个特征：

（1）附义务赠与是一种双方法律行为，需要双方当事人达成约定。只有当赠与人发出要约，表示将自己的财产给予受赠人，并要求受赠人负担一定的义务，受赠人作出承诺表示接受赠与财产，并且愿意履行义务时，附义务赠与合同方可成立。

（2）附义务赠与合同是一种单务性合同，也就是一方当事人只享有权利而不尽义务，另一方当事人只负义务而不享有权利的合同。在附义务赠与合同中，受赠人负担的义务，不是其取得赠与财产的对价。

（3）附义务赠与中受赠人附有一定义务。这是影响赠与人作出赠与意思表示的因素之一，不能因赠与合同的单务性而否定受赠人存在一定义务。附义务赠与中所附义务由双方当事人协商确定，在赠与人转移赠与财产之后受赠人履行所附义务或者在赠与人转移赠与财产之前受赠人履行所附义务均可。

（4）赠与人享有法定撤销权。《民法典》规定：在严重侵害赠与人或者赠与人近亲属的合法权益、对赠与人有扶养义务而不履行、不履行赠与合同约定的义务的情形下，赠与人享有法定撤销权。当然，赠与人的撤销权是有期限限制的，赠与人自知道或者应当知道撤销事由之日起一年内行使撤销权。

（5）赠与人负有瑕疵担保义务。如果是赠与，赠与的财产有瑕疵，赠与人不承担责任。但如果是附义务的赠与，赠与的财产有瑕疵的，赠与人在附义务的限度内承担与出卖人相同的责任。

通过"套路贷"借千元要还上百万!怎么办?

生活小案例

校园"套路贷"伪装成民间借贷,犯罪团伙隐藏于大学城附近,大学生李某深受其害。李某曾借款4000元,逾期无力偿还,之后被要求清偿8000元,8000元还不上,犯罪团伙就介绍另外的"套路贷"犯罪团伙给李某,李某签订1.6万元甚至是2万元、3万元的借条。借条一次次不断"叠加",就这样,利滚利,李某最后要偿还100多万元!欲哭无泪的李某应该怎么办?

案例分析

本案中,李某经历的借贷情况属于校园"套路贷"。"套路贷"犯罪团伙在实施犯罪时,通常披着民间借贷外衣,以利诱方式寻找目标,通过让受害人签订翻倍还款借条,制造虚假银行流水等套路,一步步让受害人深陷其中,因此仅凭借款人一己之力很难摆脱"套路贷"。

对此,《民法典》明确规定禁止高利放贷,借贷的利率不得违反国家有关规定。李某可以拒绝超额还贷,并根据当地市场利率确定利息。需要提醒大家的是,为了自己和家人的人身和财产安全,面对"套路贷",像李某一样的受害人应当选择报警并寻求司法保护。

关联法条

《中华人民共和国民法典》

第六百六十七条 借款合同是借款人向贷款人借款,到期返还借款并支付利息的合同。

第六百六十八条 借款合同应当采用书面形式,但是自然人之间借款另有约定的除外。

借款合同的内容一般包括借款种类、币种、用途、数额、利率、期限和还款方式等条款。

第六百七十四条 借款人应当按照约定的期限支付利息。对支付利息的期限没有约定或者约定不明确,依照本法第五百一十条的规定仍不能确定,借款期间不满一年的,应当在返还借款时一并支付;借款期间一年以上的,应当在每届满一年时支付,剩余期间不满一年的,应当在返还借款时一并支付。

第六百七十五条 借款人应当按照约定的期限返还借款。对借款期限没有约定或者约定不明确,依据本法

第五百一十条的规定仍不能确定的,借款人可以随时返还;贷款人可以催告借款人在合理期限内返还。

第六百七十九条 自然人之间的借款合同,自贷款人提供借款时成立。

第六百八十条 禁止高利放贷,借款的利率不得违反国家有关规定。

借款合同对支付利息没有约定的,视为没有利息。

借款合同对支付利息约定不明确,当事人不能达成补充协议的,按照当地或者当事人的交易方式、交易习惯、市场利率等因素确定利息;自然人之间借款的,视为没有利息。

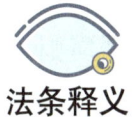

法条释义

以上条文是《民法典》针对借款合同的相关规定,主要是对借款合同的形式、内容、还款期限、支付利息等问题予以详细规范。

近年来,"套路贷"频发,它披着民间借贷的外衣规避法律法规,成为一种新的犯罪形式,甚至延伸至校园。全国多地高校接连发生校园"套路贷"相关事件,引发学生的财产乃至生命安全事故,从而引起社会广泛关注。

《民法典》明确规定禁止高利放贷。大学生在日常生活中也应增强防范金融诈骗意识和能力,树立正确消费观,减少自身及家庭的财产损失,远离校园"套路贷",共同维护健康有序的社会环境。

以下是"套路贷"的五项基本特征,在这里以提醒各位读者警惕:

(1)制造民间借贷假象。"套路贷"团伙对外以小额贷款公司的名义招揽生意,与被害人签订《借款合同》，制造民间借贷假象，并以"违约金""保证金"等名目骗被害人签订《虚高借款合同》《阴阳合同》以及《房产抵押合同》等明显不利于被害人的合同。

（2）制造银行流水痕迹。刻意制造被害人已经取得合同所借全部款项的假象，令被害人有冤无处说。

（3）单方面肆意认定被害人违约，并要求被害人立即偿还"虚高借款"。

（4）恶意垒高借款金额。在被害人无力支付借款的情况下，"套路贷"团伙介绍其他假冒的小额贷款公司或个人给被害人，进一步垒高借款金额。

（5）软硬兼施催债或者提起虚假诉讼。"套路贷"团伙一般利用轰炸通讯录，威胁、恐吓以及骚扰被害人家人朋友等手段令被害人就范；或者提起虚假诉讼，通过胜诉判决实现侵占被害人或其近亲属财产的目的。

自然人之间的借款合同能约定利息吗？

生活小案例

王某有一笔闲置资金，听说放贷会有不错的收益，于是找到张某，表示可以借款给张某，借款期限为一年，需按本金的 50% 计算年息。张某同意后与王某签订借款合同。王某于签约当日提供借款。

后来，双方对借款合同的利息条款产生争议，王某坚持要求如约履行，但是张某则认为利息过高，要求降低利息。法律对此是如何规定的呢？

案例分析

本案涉及自然人之间的借款合同能否约定利息,以及如何约定利息的问题。本案中,出借人王某在签订借款合同之日提供借款,因此,合同自出借人提供借款时成立。

法律并不禁止自然人在借款合同中约定利率,但王某约定的利率不符合《最高人民法院关于审理民间借贷案件适用法律若干问题的规定》第二十五条的规定,所以不符合法律规定的利息约定无效。

张某可以基于上述事实,主张借款合同中不符合法律规定的利息约定无效,从而拒绝支付该部分利息;若已经支付,可要求王某返还。

关联法条

《中华人民共和国民法典》

第六百七十九条　自然人之间的借款合同,自贷款人提供借款时成立。

第六百八十条　禁止高利放贷,借款的利率不得违反国家有关规定。

借款合同对支付利息没有约定的,视为没有利息。

借款合同对支付利息约定不明确,当事人不能达成补充协议的,按照当地或者当事人的交易方式、交易习惯、市场利率等因素确定利息;自然人之间借款的,视为没有利息。

《最高人民法院关于审理民间借贷案件适用法律若干问题的规定》

第二十五条　出借人请求借款人按照合同约定利率支付利息的,人民法院应予支持,但是双方约定的利率超过合同成立时一年期贷款市场报价利率四倍的除外。

前款所称"一年期贷款市场报价利率",是指中国人民银行授权全国银行间同业拆借中心自 2019 年 8 月 20 日起每月发布的一年期贷款市场报价利率。

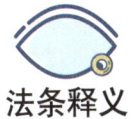

法条释义

以上条文是关于借款合同中约定利息的有关规定。利息条款是民间借款合同的一项重要内容,当事人在拟定借款合同时要注意以下两点:

(1)对利息条款要作出明确约定。借款可以有偿,也可以无偿。若借款合同对支付利息约定不明,当事人可以通过协议补充;当事人不能达成补充协议的,对于法人、非法人组织之间的借贷,以及法人、非法人组织与自然人之间的借贷,应当按照当地或者当事人的交易方式、交易习惯、市场利率等因素确定利息;但自然人之间的借款,若当事人之间不能达成补充协议的,将视为没有利息。因此自然人之间的借款若要约定利息,则需在借款合同中作出明确约定。

(2)约定的利率要合法。法律允许当事人通过借款获取合理的利息,但高利贷破坏国家金融秩序、损害借款人的合法权益,必须予以禁止。因而,凡是借款合同约定支付利息的,借款的利率应当依照国家的有关规定确定。

双方约定的利率超过合同成立时一年期贷款市场报价利率四倍,这是非法的。

公立幼儿园有资格为他人作保证吗？

生活小案例

孙先生向刘先生借款10万元，约定自借款之日起3个月内全额偿还借款。健康幼儿园是一所公立幼儿园，作为孙先生的长期合作伙伴，健康幼儿园自愿和刘先生签订保证合同，约定"若到期孙先生无力偿还借款，由健康幼儿园代为清偿"。3个月过去了，孙先生无力偿还借款，健康幼儿园也未能代偿。刘先生遂向法院起诉，要求健康幼儿园履行保证合同，代偿10万元。刘先生的诉求能够得到法院支持吗？

案例分析

本案的焦点在于健康幼儿园是否具备保证人资格。本案中，健康幼儿园虽自愿与刘先生签订保证合同，但是，健康幼儿园是政府出资设立的公办学校，属于公益性事业单位，不具有保证人资格，因此该保证合同自始无效，健康幼儿园无须代偿10万元，但刘先生可以要求健康幼儿园根据其过错承担相应的民事责任。

关联法条

《中华人民共和国民法典》

第六百八十一条 保证合同是为保障债权的实现，保证人和债权人约定，当债务人不履行到期债务或者发生当事人约定的情形时，保证人履行债务或者承担责任的合同。

第六百八十二条 保证合同是主债权债务合同的从合同。主债权债务合同无效的，保证合同无效，但是法律另有规定的除外。

保证合同被确认无效后，债务人、保证人、债权人有过错的，应当根据其过错各自承担相应的民事责任。

第六百八十三条 机关法人不得为保证人，但是经国务院批准为使用外国政府或者国际经济组织贷款进行转贷的除外。

以公益为目的的非营利法人、非法人组织不得为保证人。

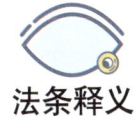

法条释义

以上条文是《民法典》对保证人资格的规定。

保证人，是指与债权人约定，为主合同债务提供担保，当债务人不能履行债务时，由其按照约定履行债务或者承担责任的一方当事人。自然人、法人、非法人组织能够作为保证人，为债权人提供保证的条件。保证人要具有民事行为能力和相当财产的保证资力。

《民法典》对保证人的资格进行规定，排除了不能作为保证人的法人和组织。根据《民法典》的规定，下列主体不得作为保证人：

（1）机关法人。机关法人作为主要从事行政管理活动的国家机关，其运营经费由国家预算拨给，没有独立资产。若参与私人债务中则有损机关工作的权威性、规范性和严肃性，因此，机关法人不得作为保证人承担保证责任。

（2）以公益为目的的非营利法人、非法人组织。以公益为目的的非营利法人、非法人组织，具有公益性和非营利性的属性。若这些组织和法人为他人债务作保证，在承担保证责任时，就会损害社会公共利益，甚至造成社会秩序混乱，且不利于保护债权人的合法利益，因此这些组织和法人不适合作保证人。

为了避免因保证人不适合导致保证合同无效，由此给债权人造成损失，法律又规定，当事人可根据各方的过错程度，承担相应的民事责任，以此保障债权人的利益。

一债多保，谁多谁少？

生活小案例

甲毕业后向银行贷款77万元，并约定自借款之日起3年内偿还本金加利息共计83万余元。甲找到朋友乙、丙、丁为他提供保证，三人签订书面保证合同，约定"若甲到期未能全数偿还贷款金额及利息，则由三人承担保证责任"。

还款期限届满，甲未能全数偿还贷款及利息，银行遂向乙提出请求，要求其履行保证合同，偿还剩余金额共计33万余元。而乙则提出抗辩，认为自己与丙、丁作为共同保证人，应平均分担保证责任，拒绝履行全部保证责任。"一债多保"时，保证人之间究竟应该如何分担保证责任呢？

案例分析

本案的焦点在于如何认定多个保证人承担保证责任的范围。本案中，乙、丙、丁与银行签订的保证合同合法有效，但合同中并未明确规定三人所对应的保证份额。银行可基于《民法典》的规定，请求任何一个保证人在其保证范围内承担保证责任。而保证人在承担保证责任后，享有对债务人的追偿权。

《中华人民共和国民法典》

第六百九十一条 保证的范围包括主债权及其利息、违约金、损害赔偿金和实现债权的费用。当事人另有约定的，按照其约定。

第六百九十九条 同一债务有两个以上保证人的，保证人应当按照保证合同约定的保证份额，承担保证责任；没有约定保证份额的，债权人可以请求任何一个保证人在其保证范围内承担保证责任。

第七百条 保证人承担保证责任后，除当事人另有约定外，有权在其承担保证责任的范围内向债务人追偿，享有债权人对债务人的权利，但是不得损害债权人的利益。

以上条文是《民法典》对共同保证的规定。

保证责任就是保证人应当承担的法律责任。当两个以上的保证人共同为同一债务人的同一债务提供保证的，即为共同保证。共同保证分为按份共同保证和连带共同保证：

（1）按份共同保证是指数个共同保证人与债权人

约定各自的保证份额,保证人按照约定承担保证责任的共同保证。在按份共同保证中,保证人不承担连带责任,但前提是保证人与债权人有特别约定,否则,数个保证人应对债权人负连带责任。

(2)连带共同保证是指数个共同保证人与债权人没有约定保证份额或者约定不明确,共同作为债务人的保证人,并对全部债务负连带责任的共同保证。在连带共同保证中,债权人可以请求任何一个保证人在其保证范围内承担保证责任。

综上可见,保证人所承担的保证责任大小取决于保证合同中约定保证份额的大小。若有约定,则每个保证人只需承担约定份额所对应的保证责任,这就减少了各个保证人的责任负担,同时避免了保证人之间产生利益冲突;若没有约定,则任何一个保证人都将面临被债权人要求承担全部保证责任的风险。

当两个以上的保证人共同为同一债务人的同一债务提供保证的,即为共同保证。

《民法典》取消了保证人之间的追偿权,明确规定保证人只能直接向债务人追偿。追偿权产生的条件是:

(1)保证人向债权人履行了保证债务;

(2)因保证人的履行而使债务人对债权人免责;

(3)保证人履行保证债务无过错。保证人取得追偿权,就成为债务人新的债权人,享有债权人对债务人的权利。

房东在什么情况下可以解除租房合同？

> 违反合同约定，解除租房合同。

生活小案例

小刘母子在某小区租房屋，承租5年。有一次房东胡女士在上网时，忽然发现一个公司的地址竟然是自己家出租的房屋所在的地址，电话也是出租房屋里的电话，而公司的法定代表人就是小刘的母亲。

胡女士认为小刘母子私自将房屋商用，要求小刘母子搬走。小刘解释说自己只是在网上用了房屋的地址和电话，公司业务是通过网络和电话处理的，房屋并没有真正用来办公，小刘以已经签订合同为由拒绝搬走。

胡女士以租户擅自将住宅改变为商用性质，违反合同约定为由，将小刘母子告上了法庭，要求与小刘母子解除合同，小刘母子即时搬走，并赔偿自己的损失。胡女士有权要求小刘母子搬走吗？

案例分析

本案的焦点在于小刘是否改变了租房的用途，房东胡女士是否有权解除租房合同。通常租赁合同中会约定租赁房屋的用途，如住宅用、商用、生产用等。承租人应根据合同规定，正确使用房屋，不得擅自改变房屋性质，更不得从事非法活动。

房屋的不同使用方式，对其使用寿命和安全有重大影响，所以法律规定，承租人未经出租人同意，擅自改变房屋用途，出租方有权解除租赁合同，将出租房屋收回。

在本案中，小刘承租房屋主要用于家庭生活居住，并没有用来办公。房东胡女士没有证据证明小刘母子的公司除了小刘及其母亲，尚有其他工作人员在租赁房屋内办公，也没有证据证明小刘母子的公司存在利用租赁房屋通过资讯手段处理公司业务以外的其他经营环节。

根据查明的事实，小刘在双方无明确约定情况下，将出租房屋地址公布在网络上，虽然有不妥的地方，但是不足以构成对出租房屋使用性质的根本改变。房东胡女士不能证明小刘根本违约，所以也就不享有法定的合同解除权，不能解除与小刘母子的合同。

所以，小刘母子与胡女士的租房合同继续有效。小刘应将房屋地址和电话从网络上删除，并向房东道歉。如果小刘需要继续在网络中使用房屋地址和电话，可以与房东协商解决。

关联法条

《中华人民共和国民法典》

第七百零九条 承租人应当按照约定的方法使用租赁物。对租赁物的使用方法没有约定或者约定不明确，依据本法第五百一十条的规定仍不能确定的，应当根据租赁物的性质使用。

第七百一十一条 承租人未按照约定的方法或者未根据租赁物的性质使用租赁物，致使租赁物受到损失的，出租人可以解除合同并请求赔偿损失。

法条释义

以上条文是《民法典》对承租人责任的规定。

承租人又称承租方，是指租赁合同中使用租赁物并按约向对方支付租金的当事人。承租人有按合同约定，占有、使用租赁物的权利，如果在租赁合同的有效期间内，租赁物发生所有权转移的情况，承租人的合同权利对新所有人仍然有效。

同时承租人也有义务，体现在以下三点：

（1）按约定数额和期限向出租人支付租金。承租人无正当理由未支付租金或延期支付租金的，出租人可以要求承租人在合理期限内支付；承租人逾期不支付的，出租人可以解除合同。

（2）妥善保护租赁物并按约定用途正当使用。承租人应按照约定的方法使用租赁物，无约定的或约定不明确的，可以由当事人事后达成补充协议来确定；承租人不按照约定的方法或者未根据租赁物的性质使用租赁物，致使租赁物受到损失的，出租人可以解除合同并请求赔偿损失。

（3）在租赁关系终止时及时返还租赁物。

和"二房东"租房，受法律保护吗？

生活小案例

晓敏通过正规中介公司租房，与"二房东"周某签订了《房屋租赁合同书》，并通过支付宝支付给周某一年房租及押金。晓敏知道周某是"二房东"，但是却不知道周某已经拖欠租金和水电费6个月，严重超过周某与房东梁女士在租赁合同上约定的期限。但是，在这种情况下周某仍然隐瞒这件事情，存在恶意转租的嫌疑。

因为周某拖欠费用，梁女士向周某发送了短信，要求解除合同，并要求周某搬离。得知周某将房屋转租给晓敏后，梁女士又短信告知晓敏，要求她搬离，否则就补交周某欠的租金等费用。

然而，晓敏认为自己有租房合同，也已经付过房租及押金，是受法律保护的，因此，拒绝腾房。梁女士看到晓敏既不搬走也不补交周某所欠的费用，便将晓敏、周某告上法庭。法院会如何审理这件案子呢？

案例分析

这是一起恶意转租的案例。梁女士是房屋的所有权人，她与周某就房屋所签订的《房屋租赁合同书》是合法有效的合同。现周某拖欠租金及其他费用，已经构成违约，所以梁女士可以依合同约定行使合同解除权，并且可以不退还押金，这符合法律规定，法院应予以支持。

合同中并未约定周某享有转租的权利，周某将房屋转租给晓敏也未告知梁女士，并且在转租后依然没有向梁女士支付租金及水电费。所以周某属于恶意转租，周某与晓敏签订的转租合同有效，但对出租人不发生法律效力，所以晓敏应返还相关费用；周某与晓敏应腾退房屋给梁女士，并向梁女士支付房屋占有使用费。

那么，晓敏是通过合法专业的第三方中介机构与周某签订的房屋租赁合同，而且已经通过合法途径支付全部的租金，居住使用期间也足额缴费，为什么依然要腾退房屋和支付使用费呢？

因为晓敏知道涉案房屋是周某向梁女士承租的，但是晓敏的承租行为未经梁女士同意，所以晓敏理应向梁女士支付房屋的占有使用费。

关联法条

《中华人民共和国民法典》

第七百一十六条 承租人经出租人同意，可以将租赁物转租给第三人。承租人转租的，承租人与出租人之间的租赁合同继续有效；第三人造成租赁物损失的，承租人应当赔偿损失。

承租人未经出租人同意转租的，出租人可以解除合同。

第七百二十二条 承租人无正当理由未支付或者迟延支付租金的，出租人可以请求承租人在合理期限内支付;承租人逾期不支付的,出租人可以解除合同。

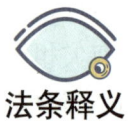
法条释义

以上条文是《民法典》对承租人转租和支付租金的规定。

房屋的承租人将房屋转租,如果取得了出租人的同意,那么依此订立的房屋转租合同应当认定为有效合同;如果没有经过出租人同意私自转租,那么依此订立的房屋转租合同属于无效合同;出租人知道或者应当知道承租人将房屋转租却没有反对,这种情况应当视为承租人已经取得了出租人的同意,该房屋转租合同同样有效。

还有两种特殊情况:

(1)房屋承租人在出租人不知情的情况下将房屋转租,那么房屋转租合同应认定为效力待定的合同。因为出租人不知情,那么出租人知情后可能会产生两种态度:同意或者不同意。如果出租人同意转租,那么转租合同有效;如果出租人不同意转租,那么出租人有权解除租赁合同,如果出租人解除租赁合同,那么转租合同也就无效。

(2)房屋承租人在出租人不知情的情况下将房屋转租,出租人知情以后,虽然反对承租人转租房屋,但是没有与承租人解除原租赁合同,那么该房屋转租合同也应有效。

《民法典》第七百二十二条是对承租人支付租金义务的规定。承租人支付租金是最基本的义务,而收取租金也是出租人最基本的权利。在承租人欠付租金的情况下,出租人应当先给予承租人一定的履行宽限期。承租人逾期仍不支付时,出租人可以解除合同。

另外,我们就本案例给租房时遇到"二房东"的人一些提醒：

（1）弄清原房主与"二房东"的租约。如果是部分转租，则要看原房主和"二房东"的租约，是否有限制不允许转租。

（2）查看"二房东"与原房主所签订的租赁合同。转租合同的终止日期不得超过原租赁合同的终止日期，否则，就容易发生纠纷。

（3）合同条款细节要看清楚，特别是对于租赁期间的水、电、煤气、有线电视、上网费用等的缴纳的条款。同时，承租过程中注意保留收付款凭证等相关证据，以防日后发生不必要的纠纷。

高铁上旅客可以"霸座"吗?

生活小案例

孙某在乘坐高铁时,坐在了属于张女士的座位上,待张女士上车后,孙某继续"霸座",并拒绝与乘务人员沟通,称"无法起身,不能归还座位"。经乘务人员和乘警劝说无果后,张女士被安排到商务车厢。面对如此无礼的"霸座"行为,我们真的无计可施吗?

 案例分析

本案的焦点在于如何认定"霸座"行为的性质。在高铁上"霸座"的人，其行为违背了两层法律关系。一是违反了其与铁路公司之间的合同约定，即应根据所购买的车票"对号入座"；二是侵犯了被"霸座"旅客的使用权，导致被"霸座"旅客有票而不能入座。

因此，在高铁上霸占他人之座，实属违约行为，承运人可要求霸座者让渡座位或补交票款，否则可以拒绝运输，甚至可将其拉入黑名单限制其乘坐高铁等。

 关联法条

《中华人民共和国民法典》

第五百零二条第一款 依法成立的合同，自成立时生效，但是法律另有规定或者当事人另有约定的除外。

第八百一十四条 客运合同自承运人向旅客出具客票时成立，但是当事人另有约定或者另有交易习惯的除外。

第八百一十五条第一款 旅客应当按照有效客票记载的时间、班次和座位号乘坐。旅客无票乘坐、超程乘坐、越级乘坐或者持不符合减价条件的优惠客票乘坐的，应当补交票款，承运人可以按照规定加收票款；旅客不支付票款的，承运人可以拒绝运输。

 法条释义

以上条文是《民法典》对旅客乘运义务的一般规定，有助于解决"霸座"问题。

"霸座"其实不是一个法律概念，正式的法律表述应当是"使用非本人的座位"。近年来随着铁路运输的

发展,旅客"霸座"、不配合承运人采取安全运输措施等行为时有发生。

《民法典》回应社会问题,细化了客运合同当事人的权利义务,对严重干扰运输秩序和危害运输安全的行为予以规范,以维护正常的运输秩序。

以高铁为例,乘客通过购票与铁路公司订立了客运合同,"对号入座"是旅客在履行合同义务。霸座者不按约定乘坐,即违反了合同约定,铁路公司可以霸座者违约为诉讼理由提起诉讼。此外,霸座者霸占他人座位,这是一种侵权行为,侵犯的是被霸座人的座位使用权。被霸座人付出金钱而不能"落座",理应得到法律的保护。

解除委托合同，造成的损失怎么处理？

生活小案例

3年前，齐先生与甲旅游公司签订《承购合同》，甲旅游公司以齐先生名义为其办理为期10年的分时度假俱乐部会员，齐先生每年享有俱乐部旗下酒店1周的住宿权益以及相关服务。除承购费以外，齐先生还需在权益年限内，每年向甲旅游公司交纳年度管理费2万元。

连续3年，齐先生向甲旅游公司总共支付6万元管理费，但是齐先生没有时间度假。齐先生觉得不合适，于是主张解除合同。

但是甲旅游公司以《承购合同》条款：除非有证据证明甲旅游公司有重大违约或根本违约行为，齐先生不得以任何理由要求终止、解除或撤销合约。双方沟通未果，齐先生请求法律援助，法院会如何判决呢？

 **案例分析**

本案的焦点在于承购合同的性质和解除规定。

齐先生与甲旅游公司订立合同的目的是通过支付一定数额承购款，由甲旅游公司在一定时间段内为齐先生订购旅店等。甲旅游公司收取款项后，以齐先生名义办理分时度假俱乐部会员并为其代缴会员费，之后甲旅游公司再按齐先生要求的时间段和指定的旅店，以其名义预定旅店。若预定成功，齐先生和实际提供服务的旅店确立旅店住宿服务合同关系；若预定失败，甲旅游公司不承担任何后果。

由此可见，在双方签订权益承购合同后，甲旅游公司将以齐先生代理人身份，按齐先生指示处理事务，且甲旅游公司处理上述事务的法律后果归属于齐先生。所以，本案承购合同的性质应当界定为委托合同。根据《民法典》规定，委托人或者受托人可以随时解除委托合同，所以齐先生要求解除合同，于法有据，应予支持。

因为这三年来，齐先生并没有预定一次旅店，所以甲旅游公司尚未履行合同的主要义务，合同解除后，甲旅游公司应当将收取的款项返还给齐先生，但应扣除甲旅游公司为履行代理事务实际发生的费用。如果甲旅游公司不能举证证明自己为齐先生支出的具体费用，那么甲旅游公司可以根据因齐先生解除合同给自身造成的损失，另行主张权利。

 **关联法条**

《中华人民共和国民法典》

第九百三十三条 委托人或者受托人可以随时解除委托合同。因解除合同造成对方损失的，除不可归责于该当事人的事由外，无偿委托合同的解除方应当赔偿因解除时间不当造成的直接损失，有偿委托合同的解除方应当赔偿对方的直接损失和合同履行后可以获得的利益。

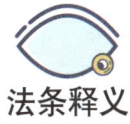

法条释义

以上条文是《民法典》对解除委托合同造成的损失如何处理的规定。

委托合同，又称"委任合同"，是指受托人以委托人的名义为委托人办理委托事务，而委托人则按约支付报酬的协议。受托人有办理委托事务、遵守委托指示、将委托事务情况向委托人报告、将办理委托事务取得的各种利益及时转移给委托人。委托人有支付处理委托事务的必要费用、支付报酬和承担赔偿责任的义务。

委托合同的解除权属于没有附加任何前置条件的任意解除权，委托人和受托人都有随时解除委托合同的权利。有偿委托合同解除后，当事人要赔偿对方的直接损失和合同履行后可以获得的利益。

但是，委托合同也存在单方不能撤销或者终止的例外情况：

（1）在委托人死亡、丧失民事行为能力或者破产之后，在委托人的继承人、法定代理人或清算组织承受委托事务之前，受托人不可以单方面撤销或者终止合同。

（2）受托人死亡、丧失民事行为能力或破产，致使委托合同终止，将损害委托人的利益的，在委托人做出善后处理措施前，合同不能被单方面撤销或者终止。

根据《民法典》规定，委托人或者受托人可以随时解除委托合同，所以齐先生要求解除合同，于法有据，应予支持。

汽车在地下车库遭浸泡，能要求物业公司赔偿吗？

生活小案例

某日凌晨某地突发强降雨，雨水灌入了 A 小区的地下车库，待第二天徐先生发现时，他的轿车已因浸水导致损坏。为此，徐先生花了 16000 多元的维修费。

这已是车库第二次被淹了，物业公司在车库第一次被淹后，没有吸取教训及时排查隐患并进行有效的整改。同时，物业公司也未及时通知车主转移车辆，导致车辆损坏。徐先生遭遇此种情况，能要求物业公司进行赔偿吗？

案例分析

本案的焦点在于明确小区物业公司应当履行哪些法定或约定的义务。小区物业公司应按照约定和相关法律规定，对小区公共场地、住宅共用部位、共有设施设备尽到维修、养护、管理等义务。

本案中，A 小区的物业公司在强降雨来临之际，并未及时通知车主转移车辆，或者未采取有效措施，其本身存在防范、抢险不到位的过错。

根据《中华人民共和国物业管理条例》第三十六条的规定：物业服务企业未能履行物业服务合同的约定，导致业主财产安全受到损害的，应当依法承担相应的法律责任。因此，物业公司因未尽到职责而导致徐先生的财产受到损害，理应予以赔偿。

关联法条

《中华人民共和国民法典》

第九百四十二条 物业服务人应当按照约定和物业的使用性质，妥善维修、养护、清洁、绿化和经营管理物业服务区域内的业主共有部分，维护物业服务区域内的基本秩序，采取合理措施保护业主的人身、财产安全。

对物业服务区域内违反有关治安、环保、消防等法律法规的行为，物业服务人应当及时采取合理措施制止、向有关行政主管部门报告并协助处理。

《中华人民共和国物业管理条例》

第三十六条 物业服务企业应当按照物业服务合同的约定，提供相应的服务。

物业服务企业未能履行物业服务合同的约定，导致业主人身、财产安全受到损害的，应当依法承担相应的法律责任。

法条释义

以上条文是《民法典》和《中华人民共和国物业管理条例》对物业服务企业及物业服务人服务职责的规定。

物业服务人应当按照约定和相关法律的规定履行义务，若在物业服务合同的履行过程中，提供物业服务的一方出现违法、违约的情况，就涉及法律责任的承担问题。物业服务人应当履行的主要管理职责有：

（1）妥善维修、养护、清洁、绿化和经营管理物业服务区域内的业主共有部分；

（2）维护物业服务区域内的基本秩序，包括公共生活秩序、道路交通秩序、环境管理秩序等；

（3）采取合理措施保护业主的人身、财产安全。

物业服务企业违反约定和相关法律的规定，服务质量达不到物业服务合同约定或未能达到约定的管理目标的，业主有权要求物业服务企业限期整改，物业服务企业逾期未整改的，业主有权终止合同；造成业主经济损失的，物业服务企业应当给予业主经济赔偿。

上述相关规定有利于物业服务合同的双方高效、理性地解决纠纷，从而有助于合同预期利益的实现。

买方能否绕过中介人与卖方直接签订合同？

生活小案例

王先生找到中介公司希望在某小区购买一套合适的住宅作为员工宿舍，中介公司的业务员小张向其推荐了郭某名下的房源。王先生看后，对房源、价格均表示满意，双方便签订了《看房确认书》。其中约定，如果成交，王先生需缴纳成交额的1.5%作为佣金。

过了一段时间，房东郭某却从中介公司收回房屋钥匙。随后该中介公司打探得知王先生利用中介公司提供的信息已私下与郭某达成转让协议，并办理了房产过户手续。王先生的行为是否构成违约？

 **案例分析**

本案涉及委托人"跳单"问题。在本案中,王先生享受了中介公司提供的看房服务,又利用中介公司提供的媒介服务和房源信息,与房主郭某私下订立了购房合同,这种行为属于绕过中介公司与卖方直接签订合同的"跳单"行为。依据《民法典》的规定,王先生此举并不能规避向中介公司支付报酬的义务。因此,王先生的行为构成违约,中介公司可以基于上述事实请求王先生支付报酬。

 **关联法条**

《中华人民共和国民法典》

第九百六十一条 中介合同是中介人向委托人报告订立合同的机会或者提供订立合同的媒介服务,委托人支付报酬的合同。

第九百六十五条 委托人在接受中介人的服务后,利用中介人提供的交易机会或者媒介服务,绕开中介人直接订立合同的,应当向中介人支付报酬。

 **法条释义**

以上条文是《民法典》针对中介合同的相关规定。

中介合同是中介人向委托人报告订立合同的机会或者提供订立合同的媒介服务,委托人支付报酬的合同。中介合同一旦订立,当事人应按照合同约定履行各自的义务。现实生活中,因中介合同发生的纠纷众多,其中最常见的就是"跳单"纠纷。

"跳单"行为也称"跳中介",即合同的一方或者双方当事人已经与中介人订立了合同,中介人已经按照协议履行了提供交易机会或者媒介服务的义务,买卖一方或双方为了规避履行向中介人支付报酬的义务,绕过中介人而私自签订合同的行为。这是严重违约行为,当事人应当承担违约责任。只要委托人接受了中介人提供的服务,利用了中介人提供的交易机会,即使绕开中介人直接与第三方订立合同,仍然应当承担向中介人支付报酬的义务。否则,中介人可以直接向法院起诉,请求法院依照法律规定支持其报酬请求权。中介人在中介活动中,应当注意保存证据,一方面可以避免出现委托人的"跳单"行为,另一方面可以确保自己遇到"跳单"情形时,在诉讼中有证据支持自己的主张。

在民商事活动中,诚信和公平至关重要。房地产等中介公司投入了劳动和时间成本,理应获得相应的报酬,"恶意跳单"必然不能被法律所允许。只有在诚信和公平的环境下,民商事活动才能健康有序地进行下去。

房屋未能如期出售，还需要向中介公司支付报酬吗？

生活小案例

孙女士与中介公司签订合同，将自己名下位于某小区的房产予以出售，期间服务费由孙女士承担。合同签订后，中介公司制作条幅及宣传单，但当地民众少有问津，无人购买，导致该中介合同无法履行。如果房屋未能如期出售，孙女士还需要向中介公司支付报酬吗？

 案例分析

本案例的焦点在于委托人是否需要向中介公司支付报酬。本案中，孙女士与中介公司签订的合同属于中介合同。合同签订后，合同目的未能实现。

对此，根据《民法典》的规定，中介人未促成合同成立的，不得请求支付报酬；但是，可以按照约定请求委托人支付从事中介活动支出的必要费用。

所以，委托人孙女士可以免于支付报酬；至于中介公司就从事中介活动制作条幅、印刷宣传单等支出的必要费用能否请求委托人支付，则要看双方订立的中介合同是否有约定，有约定的应支付，没有约定的则不支付。

 关联法条

《中华人民共和国民法典》

第九百六十三条 中介人促成合同成立的，委托人应当按照约定支付报酬。对中介人的报酬没有约定或者约定不明确，依据本法第五百一十条的规定仍不能确定的，根据中介人的劳务合理确定。因中介人提供订立合同的媒介服务而促成合同成立的，由该合同的当事人平均负担中介人的报酬。

中介人促成合同成立的，中介活动的费用，由中介人负担。

第九百六十四条 中介人未促成合同成立的，不得请求支付报酬；但是，可以按照约定请求委托人支付从事中介活动支出的必要费用。

法条释义

以上条文是《民法典》对债权人请求委托人支付报酬的相关规定。

支付中介人报酬的一般规则是"约定报酬制",即中介人从事中介活动收取报酬的多少,主要依据中介人和委托人的约定。只有在中介人提供的交易机会或者媒介服务促成合同成立时,委托人才需要按合同约定向其支付报酬,否则可以免除支付报酬。因中介人提供订立合同的媒介服务而促成合同成立的,由该合同的当事人平均负担中介人的报酬。

中介费用一般包含在报酬中,中介人促成合同成立的,未经约定中介人不得请求委托人支付中介费用,应由中介人自己负担中介费用。已尽报告义务或媒介义务,但仍不能促成合同成立,未达到委托人预期目的的,中介人不得请求支付报酬,但按照约定可要求委托人支付从事中介活动支出的必要费用,如中介人在实施中介活动中的差旅费等。

银行因失误，多给取款人现金，有权请求返还吗？

生活小案例

吴某到当地某银行要求取款21000元，银行工作人员在其储蓄卡上登记取款1000元，在其存折上登记取款2万元。当时，工作人员支付给吴某的现金为4把，其中50元面额的纸币两把，每把100张；100元面额的纸币两把，每把100张；100元面额的纸币10张。

事后，工作人员经过查账并查看当时的录像，发现吴某多领1万元现金，遂与其协商返还并向公安机关报案，但吴某始终说自己没有多领，拒不退还。银行将吴某告上法庭，请求法院判令吴某退还多领的1万元现金。法院会支持银行的请求吗？

案例分析

本案的焦点在于银行如何证实吴某多领取 1 万元现金。案例中，银行工作人员说明交给吴某现金 4 把。但是，每把纸币为 100 张的规定仅是银行内部对收入现金进行清点及封存的标准，因此银行不能以"把"为计量单位，也不能确切地证实所支付现金每把都是 100 张，故无法证实当时吴某领取的现金是 31000 万元。

而吴某承认收到 4 把现金和 10 张 100 元纸币，但是一直强调自己没有多收到 1 万元，所以不应当承担返还该利益的义务。另外，当日吴某取款所填写的取款凭条及银行内部记录的流水账，均只能证实吴某的取款金额是 21000 万元。

《民法典》规定："得利人不知道且不应当知道取得的利益没有法律根据，取得的利益已经不存在的，不承担返还该利益的义务。"所以，银行认为吴某取走了 31000 万元、获得 1 万元的不当得利的主张，没有充分的证据，依法不予支持。

关联法条

《中华人民共和国民法典》

第九百八十六条　得利人不知道且不应当知道取得的利益没有法律根据，取得的利益已经不存在的，不承担返还该利益的义务。

第九百八十七条　得利人知道或者应当知道取得的利益没有法律根据的，受损失的人可以请求得利人返还其取得的利益并依法赔偿损失。

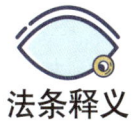
法条释义

以上条文是《民法典》对返还不当得利的相关规定。

不当得利是指没有法律根据而使他人受到损失，自己获得利益的一种情形。受损失的人有权请求得利人返还不当得利，得利人负有返还不当得利的义务。得利人是否返还不当得利，要根据具体情况具体分析。

（1）对于不知情的善意得利人，返还范围仅限于取得的利益，如果取得的利益已经不存在，那么得利人也不承担返还该利益的义务。

（2）对于知情或者应当知情的得利人，如果知道或者应当知道自己所取得的利益是没有法律根据的，那么受损失的人不仅可以请求得利人返还利益，还可以依法要求其赔偿损失。在这种情形下，如果主观要件、得利行为、因果关系和损失等方面与侵权责任的构成要件存在相似之处，那么当事人也可以自行选择提起不当得利诉讼或者侵权诉讼。

（3）得利人在取得利益时为善意，之后为恶意的，返还以恶意得利时间开始获得的利益为准。

（4）得利人已经将取得的利益无偿转让给第三人的，受损失的人可以请求第三人在相应范围内承担返还义务。

以下三种情况，受损失的人不可以请求得利人返还取得的利益：

（1）为了履行道德义务进行的给付。虽然受领人没有合法根据而受领，但是给付人不得请求返还。

（2）债务到期之前的清偿。在清偿期限是为债务人的利益而设置的时候，没到清偿期，债务人没有清偿义务，如果债务人不存在提前清偿的目的而清偿，属于欠缺给付目的的清偿。那么，受领人受领并非没有合法根据，并且这种清偿也发生债务消灭的后果，所以债务人清偿以后,受损失的人不得以不当得利为由请求返还。

（3）明知无给付义务而进行的债务清偿。例如,债务人对超过诉讼时效的债务本可以拒绝给付而故意给付时,推定债务人为有意抛弃其给付返还请求权,因此不能再请求返还。

附录：

中华人民共和国民法典·合同编

（2020年5月28日第十三届全国人民代表大会第三次会议通过，自2021年1月1日起施行）

中华人民共和国药典

第三编 合 同

第一分编 通 则

第一章 一般规定

第四百六十三条 本编调整因合同产生的民事关系。

第四百六十四条 合同是民事主体之间设立、变更、终止民事法律关系的协议。

婚姻、收养、监护等有关身份关系的协议，适用有关该身份关系的法律规定；没有规定的，可以根据其性质参照适用本编规定。

第四百六十五条 依法成立的合同，受法律保护。

依法成立的合同，仅对当事人具有法律约束力，但是法律另有规定的除外。

第四百六十六条 当事人对合同条款的理解有争议的，应当依据本法第一百四十二条第一款的规定，确定争议条款的含义。

合同文本采用两种以上文字订立并约定具有同等效力的，对各文本使用的词句推定具有相同含义。各文本使用的词句不一致的，应当根据合同的相关条款、性质、目的以及诚信原则等予以解释。

第四百六十七条 本法或者其他法律没有明文规定的合同，适用本编通则的规定，并可以参照适用本编或者其他法律最相类似合同的规定。

在中华人民共和国境内履行的中外合资经营企业合同、中外合作经营企业合同、中外合作勘探开发自然资源合同，适用中华人民共和国法律。

第四百六十八条 非因合同产生的债权债务关系，适用有关该债权债务关系的法律规定；没有规定的，适用本编通则的有关规定，但是根据其性质不能适用的除外。

第二章 合同的订立

第四百六十九条 当事人订立合同，可以采用书面形式、口头形式或者其他形式。

书面形式是合同书、信件、电报、电传、传真等可以有形地表现所载内容的形式。

以电子数据交换、电子邮件等方式能够有形地表现所载内容，并可以随时调取查用的数据电文，视为书面形式。

第四百七十条 合同的内容由当事人约定，一般包括下列条款：

（一）当事人的姓名或者名称和住所；

（二）标的；

（三）数量；

（四）质量；

（五）价款或者报酬；

（六）履行期限、地点和方式；

（七）违约责任；

（八）解决争议的方法。

当事人可以参照各类合同的示范文本订立合同。

第四百七十一条 当事人订立合同，可以采取要约、承诺方式或者其他方式。

第四百七十二条 要约是希望与他人订立合同的意思表示，该意思表示应当符合下列条件：

（一）内容具体确定；

（二）表明经受要约人承诺，要约人即受该意思表示约束。

第四百七十三条 要约邀请是希望他人向自己发出要约的表示。拍卖公告、招标公告、招股说明书、债券募集办法、基金招募说明书、商业广告和宣传、寄送的价目表等为要约邀请。

商业广告和宣传的内容符合要约条件的，构成要约。

第四百七十四条 要约生效的时间适用本法第一百三十七条的规定。

第四百七十五条 要约可以撤回。要约的撤回适用本法第一百四十一条的规定。

第四百七十六条 要约可以撤销，但是有下列情形之一的除外：

（一）要约人以确定承诺期限或者其他形式明示要约不可撤销；

（二）受要约人有理由认为要约是不可撤销的，并已经为履行合同做了合理准备工作。

第四百七十七条 撤销要约的意思表示以对话方式作出的，该意思表示的内容应当在受要约人作出承诺之前为受要约人所知道；撤销要约的意思表示以非对话方式作出的,应当在受要约人作出承诺之前到达受要约人。

第四百七十八条 有下列情形之一的,要约失效:

(一)要约被拒绝;

(二)要约被依法撤销;

(三)承诺期限届满,受要约人未作出承诺;

(四)受要约人对要约的内容作出实质性变更。

第四百七十九条 承诺是受要约人同意要约的意思表示。

第四百八十条 承诺应当以通知的方式作出;但是,根据交易习惯或者要约表明可以通过行为作出承诺的除外。

第四百八十一条 承诺应当在要约确定的期限内到达要约人。

要约没有确定承诺期限的,承诺应当依照下列规定到达:

(一)要约以对话方式作出的,应当即时作出承诺;

(二)要约以非对话方式作出的,承诺应当在合理期限内到达。

第四百八十二条 要约以信件或者电报作出的,承诺期限自信件载明的日期或者电报交发之日开始计算。信件未载明日期的,自投寄该信件的邮戳日期开始计算。要约以电话、传真、电子邮件等快速通讯方式作出的,承诺期限自要约到达受要约人时开始计算。

第四百八十三条 承诺生效时合同成立,但是法律另有规定或者当事人另有约定的除外。

第四百八十四条 以通知方式作出的承诺,生效的时间适用本法第一百三十七条的规定。

承诺不需要通知的,根据交易习惯或者要约的要求作出承诺的行为时生效。

第四百八十五条 承诺可以撤回。承诺的撤回适用本法第一百四十一条的规定。

第四百八十六条 受要约人超过承诺期限发出承诺,或者在承诺期限内发出承诺,按照通常情形不能及时到达要约人的,为新要约;但是,要约人及时通知受要约人该承诺有效的除外。

第四百八十七条 受要约人在承诺期限内发出承诺,按照通常情形能够及时到达要约人,但是因其他原因致使承诺到达要约人时超过承诺期限的,除要约人及时通知受要约人因承诺超过期限不接受该承诺外,该承诺有效。

第四百八十八条 承诺的内容应当与要约的内容一致。受要约人对要约的内容作出实质性变更的,为新要约。有关合同标的、数量、质量、价款或者报酬、履行期限、履行地点和方式、违约责任和解决争议方法等的变更，是对要约内容的实质性变更。

第四百八十九条 承诺对要约的内容作出非实质性变更的，除要约人及时表示反对或者要约表明承诺不得对要约的内容作出任何变更外，该承诺有效，合同的内容以承诺的内容为准。

第四百九十条 当事人采用合同书形式订立合同的，自当事人均签名、盖章或者按指印时合同成立。在签名、盖章或者按指印之前，当事人一方已经履行主要义务，对方接受时，该合同成立。

法律、行政法规规定或者当事人约定合同应当采用书面形式订立，当事人未采用书面形式但是一方已经履行主要义务，对方接受时，该合同成立。

第四百九十一条 当事人采用信件、数据电文等形式订立合同要求签订确认书的，签订确认书时合同成立。

当事人一方通过互联网等信息网络发布的商品或者服务信息符合要约条件的，对方选择该商品或者服务并提交订单成功时合同成立，但是当事人另有约定的除外。

第四百九十二条 承诺生效的地点为合同成立的地点。

采用数据电文形式订立合同的，收件人的主营业地为合同成立的地点；没有主营业地的，其住所地为合同成立的地点。当事人另有约定的，按照其约定。

第四百九十三条 当事人采用合同书形式订立合同的，最后签名、盖章或者按指印的地点为合同成立的地点，但是当事人另有约定的除外。

第四百九十四条 国家根据抢险救灾、疫情防控或者其他需要下达国家订货任务、指令性任务的，有关民事主体之间应当依照有关法律、行政法规规定的权利和义务订立合同。

依照法律、行政法规的规定负有发出要约义务的当事人，应当及时发出合理的要约。

依照法律、行政法规的规定负有作出承诺义务的当事人，不得拒绝对方合理的订立合同要求。

第四百九十五条 当事人约定在将来一定期限内订立合同的认购书、订购书、预订书等，构成预约合同。

当事人一方不履行预约合同约定的订立合同义务的，对方可以请求其承担预约合同的违约责任。

第四百九十六条 格式条款是当事人为了重复使用而预先拟定，并在订立合同时未与对方协商的条款。

采用格式条款订立合同的,提供格式条款的一方应当遵循公平原则确定当事人之间的权利和义务,并采取合理的方式提示对方注意免除或者减轻其责任等与对方有重大利害关系的条款,按照对方的要求,对该条款予以说明。提供格式条款的一方未履行提示或者说明义务,致使对方没有注意或者理解与其有重大利害关系的条款的,对方可以主张该条款不成为合同的内容。

第四百九十七条　有下列情形之一的,该格式条款无效:

(一)具有本法第一编第六章第三节和本法第五百零六条规定的无效情形;

(二)提供格式条款一方不合理地免除或者减轻其责任、加重对方责任、限制对方主要权利;

(三)提供格式条款一方排除对方主要权利。

第四百九十八条　对格式条款的理解发生争议的,应当按照通常理解予以解释。对格式条款有两种以上解释的,应当作出不利于提供格式条款一方的解释。格式条款和非格式条款不一致的,应当采用非格式条款。

第四百九十九条　悬赏人以公开方式声明对完成特定行为的人支付报酬的,完成该行为的人可以请求其支付。

第五百条　当事人在订立合同过程中有下列情形之一,造成对方损失的,应当承担赔偿责任:

(一)假借订立合同,恶意进行磋商;

(二)故意隐瞒与订立合同有关的重要事实或者提供虚假情况;

(三)有其他违背诚信原则的行为。

第五百零一条　当事人在订立合同过程中知悉的商业秘密或者其他应当保密的信息,无论合同是否成立,不得泄露或者不正当地使用;泄露、不正当地使用该商业秘密或者信息,造成对方损失的,应当承担赔偿责任。

第三章　合同的效力

第五百零二条　依法成立的合同,自成立时生效,但是法律另有规定或者当事人另有约定的除外。

依照法律、行政法规的规定,合同应当办理批准等手续的,依照其规定。未办理批准等手续影响合同生效的,不影响合同中履行报批等义务条款以及相关条款的效力。应当办理申请批准等手续的当事人未履行义务的,对方可以请求其承担违反该义务的责任。

依照法律、行政法规的规定，合同的变更、转让、解除等情形应当办理批准等手续的，适用前款规定。

第五百零三条 无权代理人以被代理人的名义订立合同，被代理人已经开始履行合同义务或者接受相对人履行的，视为对合同的追认。

第五百零四条 法人的法定代表人或者非法人组织的负责人超越权限订立的合同，除相对人知道或者应当知道其超越权限外，该代表行为有效，订立的合同对法人或者非法人组织发生效力。

第五百零五条 当事人超越经营范围订立的合同的效力，应当依照本法第一编第六章第三节和本编的有关规定确定，不得仅以超越经营范围确认合同无效。

第五百零六条 合同中的下列免责条款无效：

（一）造成对方人身损害的；

（二）因故意或者重大过失造成对方财产损失的。

第五百零七条 合同不生效、无效、被撤销或者终止的，不影响合同中有关解决争议方法的条款的效力。

第五百零八条 本编对合同的效力没有规定的，适用本法第一编第六章的有关规定。

第四章　合同的履行

第五百零九条 当事人应当按照约定全面履行自己的义务。

当事人应当遵循诚信原则，根据合同的性质、目的和交易习惯履行通知、协助、保密等义务。

当事人在履行合同过程中，应当避免浪费资源、污染环境和破坏生态。

第五百一十条 合同生效后，当事人就质量、价款或者报酬、履行地点等内容没有约定或者约定不明确的，可以协议补充；不能达成补充协议的，按照合同相关条款或者交易习惯确定。

第五百一十一条 当事人就有关合同内容约定不明确，依据前条规定仍不能确定的，适用下列规定：

（一）质量要求不明确的，按照强制性国家标准履行；没有强制性国家标准的，按照推荐性国家标准履行；没有推荐性国家标准的，按照行业标准履行；没有国家标准、行业标准的，按照通常标准或者符合合同目的的特定标准履行。

（二）价款或者报酬不明确的，按照订立合同时履行地的市场价格履行；依法应当执行政府定价或者政府指导价的，依照规定履行。

（三）履行地点不明确，给付货币的，在接受货币一方所在地履行；交付不动产的，在不动产所在地履行；其他标的，在履行义务一方所在地履行。

（四）履行期限不明确的，债务人可以随时履行，债权人也可以随时请求履行，但是应当给对方必要的准备时间。

（五）履行方式不明确的，按照有利于实现合同目的的方式履行。

（六）履行费用的负担不明确的，由履行义务一方负担；因债权人原因增加的履行费用，由债权人负担。

第五百一十二条　通过互联网等信息网络订立的电子合同的标的为交付商品并采用快递物流方式交付的，收货人的签收时间为交付时间。电子合同的标的为提供服务的，生成的电子凭证或者实物凭证中载明的时间为提供服务时间；前述凭证没有载明时间或者载明时间与实际提供服务时间不一致的，以实际提供服务的时间为准。

电子合同的标的物为采用在线传输方式交付的，合同标的物进入对方当事人指定的特定系统且能够检索识别的时间为交付时间。

电子合同当事人对交付商品或者提供服务的方式、时间另有约定的，按照其约定。

第五百一十三条　执行政府定价或者政府指导价的，在合同约定的交付期限内政府价格调整时，按照交付时的价格计价。逾期交付标的物的，遇价格上涨时，按照原价格执行；价格下降时，按照新价格执行。逾期提取标的物或者逾期付款的，遇价格上涨时，按照新价格执行；价格下降时，按照原价格执行。

第五百一十四条　以支付金钱为内容的债，除法律另有规定或者当事人另有约定外，债权人可以请求债务人以实际履行地的法定货币履行。

第五百一十五条　标的有多项而债务人只需履行其中一项的，债务人享有选择权；但是，法律另有规定、当事人另有约定或者另有交易习惯的除外。

享有选择权的当事人在约定期限内或者履行期限届满未作选择，经催告后在合理期限内仍未选择的，选择权转移至对方。

第五百一十六条　当事人行使选择权应当及时通知对方，通知到达对方时，标的确定。标的确定后不得变更，但是经对方同意的除外。

可选择的标的发生不能履行情形的，享有选择权的当事人不得选择不能履行的标的，但是该不能履行的情形是由对方造成的除外。

第五百一十七条 债权人为二人以上，标的可分，按照份额各自享有债权的，为按份债权；债务人为二人以上，标的可分，按照份额各自负担债务的，为按份债务。

按份债权人或者按份债务人的份额难以确定的，视为份额相同。

第五百一十八条 债权人为二人以上，部分或者全部债权人均可以请求债务人履行债务的，为连带债权；债务人为二人以上，债权人可以请求部分或者全部债务人履行全部债务的，为连带债务。

连带债权或者连带债务，由法律规定或者当事人约定。

第五百一十九条 连带债务人之间的份额难以确定的，视为份额相同。

实际承担债务超过自己份额的连带债务人，有权就超出部分在其他连带债务人未履行的份额范围内向其追偿，并相应地享有债权人的权利，但是不得损害债权人的利益。其他连带债务人对债权人的抗辩，可以向该债务人主张。

被追偿的连带债务人不能履行其应分担份额的，其他连带债务人应当在相应范围内按比例分担。

第五百二十条 部分连带债务人履行、抵销债务或者提存标的物的，其他债务人对债权人的债务在相应范围内消灭；该债务人可以依据前条规定向其他债务人追偿。

部分连带债务人的债务被债权人免除的，在该连带债务人应当承担的份额范围内，其他债务人对债权人的债务消灭。

部分连带债务人的债务与债权人的债权同归于一人的，在扣除该债务人应当承担的份额后，债权人对其他债务人的债权继续存在。

债权人对部分连带债务人的给付受领迟延的，对其他连带债务人发生效力。

第五百二十一条 连带债权人之间的份额难以确定的，视为份额相同。

实际受领债权的连带债权人，应当按比例向其他连带债权人返还。

连带债权参照适用本章连带债务的有关规定。

第五百二十二条 当事人约定由债务人向第三人履行债务，债务人未向第三人履行债务或者履行债务不符合约定的，应当向债权人承担违约责任。

法律规定或者当事人约定第三人可以直接请求债务人向其履行债务，第三人未在合理期限内明确拒绝，债务人未向第三人履行债务或者履行债务不符合约定的，第三人可以请求债务人承担违约责任；债务人对债权人的抗辩，可以向第三人主张。

第五百二十三条 当事人约定由第三人向债权人履行债务，第三人不履行债务或者履行债务不符合约定的，债务人应当向债权人承担违约责任。

第五百二十四条 债务人不履行债务，第三人对履行该债务具有合法利益的，第三人有权向债权人代为履行；但是，根据债务性质、按照当事人约定或者依照法律规定只能由债务人履行的除外。

债权人接受第三人履行后，其对债务人的债权转让给第三人，但是债务人和第三人另有约定的除外。

第五百二十五条 当事人互负债务，没有先后履行顺序的，应当同时履行。一方在对方履行之前有权拒绝其履行请求。一方在对方履行债务不符合约定时，有权拒绝其相应的履行请求。

第五百二十六条 当事人互负债务，有先后履行顺序，应当先履行债务一方未履行的，后履行一方有权拒绝其履行请求。先履行一方履行债务不符合约定的，后履行一方有权拒绝其相应的履行请求。

第五百二十七条 应当先履行债务的当事人，有确切证据证明对方有下列情形之一的，可以中止履行：

（一）经营状况严重恶化；

（二）转移财产、抽逃资金，以逃避债务；

（三）丧失商业信誉；

（四）有丧失或者可能丧失履行债务能力的其他情形。

当事人没有确切证据中止履行的，应当承担违约责任。

第五百二十八条 当事人依据前条规定中止履行的，应当及时通知对方。对方提供适当担保的，应当恢复履行。中止履行后，对方在合理期限内未恢复履行能力且未提供适当担保的，视为以自己的行为表明不履行主要债务，中止履行的一方可以解除合同并可以请求对方承担违约责任。

第五百二十九条 债权人分立、合并或者变更住所没有通知债务人，致使履行债务发生困难的，债务人可以中止履行或者将标的物提存。

第五百三十条 债权人可以拒绝债务人提前履行债务，但是提前履行不损害债权人利益的除外。

债务人提前履行债务给债权人增加的费用，由债务人负担。

第五百三十一条 债权人可以拒绝债务人部分履行债务，但是部分履行不损害债权人利益的除外。

债务人部分履行债务给债权人增加的费用，由债务人负担。

第五百三十二条 合同生效后，当事人不得因姓名、名称的变更或者法定代表人、负责人、承办人的变动而不履行合同义务。

第五百三十三条 合同成立后，合同的基础条件发生了当事人在订立合同时无法预见的、不属于商业风险的重大变化，继续履行合同对于当事人一方明显不公平的，受不利影响的当事人可以与对方重新协商；在合理期限内协商不成的，当事人可以请求人民法院或者仲裁机构变更或者解除合同。

人民法院或者仲裁机构应当结合案件的实际情况，根据公平原则变更或者解除合同。

第五百三十四条 对当事人利用合同实施危害国家利益、社会公共利益行为的，市场监督管理和其他有关行政主管部门依照法律、行政法规的规定负责监督处理。

第五章 合同的保全

第五百三十五条 因债务人怠于行使其债权或者与该债权有关的从权利，影响债权人的到期债权实现的，债权人可以向人民法院请求以自己的名义代位行使债务人对相对人的权利，但是该权利专属于债务人自身的除外。

代位权的行使范围以债权人的到期债权为限。债权人行使代位权的必要费用，由债务人负担。

相对人对债务人的抗辩，可以向债权人主张。

第五百三十六条 债权人的债权到期前，债务人的债权或者与该债权有关的从权利存在诉讼时效期间即将届满或者未及时申报破产债权等情形，影响债权人的债权实现的，债权人可以代位向债务人的相对人请求其向债务人履行、向破产管理人申报或者作出其他必要的行为。

第五百三十七条 人民法院认定代位权成立的，由债务人的相对人向债权人履行义务，债权人接受履行后，债权人与债务人、债务人与相对人之间相应的权利义务终止。债务人对相对人的债权或者与该债权有关的从权利被采取保全、执行措施，或者债务人破产的，依照相关法律的规定处理。

第五百三十八条 债务人以放弃其债权、放弃债权担保、无偿转让财产等方式无偿处分财产权益，或者恶意延长其到期债权的履行期限，影响债权人的债权实现的，债权人可以请求人民法院撤销债务人的行为。

第五百三十九条 债务人以明显不合理的低价转让财产、以明显不合理的高价受让他人财产或者为他人的债务提供担保，影响债权人的债权实现，债务人的相对人知道或者应当知道该情形的，债权人可以请求人民法院撤销债务人的行为。

第五百四十条 撤销权的行使范围以债权人的债权为限。债权人行使撤销权的必要费用，由债务人负担。

第五百四十一条 撤销权自债权人知道或者应当知道撤销事由之日起一年内行使。自债务人的行为发生之日起五年内没有行使撤销权的，该撤销权消灭。

第五百四十二条 债务人影响债权人的债权实现的行为被撤销的，自始没有法律约束力。

第六章　合同的变更和转让

第五百四十三条 当事人协商一致，可以变更合同。

第五百四十四条 当事人对合同变更的内容约定不明确的，推定为未变更。

第五百四十五条 债权人可以将债权的全部或者部分转让给第三人，但是有下列情形之一的除外：

（一）根据债权性质不得转让；

（二）按照当事人约定不得转让；

（三）依照法律规定不得转让。

当事人约定非金钱债权不得转让的，不得对抗善意第三人。当事人约定金钱债权不得转让的，不得对抗第三人。

第五百四十六条 债权人转让债权，未通知债务人的，该转让对债务人不发生效力。

债权转让的通知不得撤销，但是经受让人同意的除外。

第五百四十七条 债权人转让债权的，受让人取得与债权有关的从权利，但是该从权利专属于债权人自身的除外。

受让人取得从权利不因该从权利未办理转移登记手续或者未转移占有而受到影响。

第五百四十八条 债务人接到债权转让通知后，债务人对让与人的抗辩，可以向受让人主张。

第五百四十九条 有下列情形之一的，债务人可以向受让人主张抵销：

（一）债务人接到债权转让通知时，债务人对让与人享有债权，且债务人的债权先于转让的债权到期或者同时到期；

（二）债务人的债权与转让的债权是基于同一合同产生。

第五百五十条 因债权转让增加的履行费用，由让与人负担。

第五百五十一条 债务人将债务的全部或者部分转移给第三人的，应当经债权人同意。

债务人或者第三人可以催告债权人在合理期限内予以同意，债权人未作表示的，视为不同意。

第五百五十二条 第三人与债务人约定加入债务并通知债权人，或者第三人向债权人表示愿意加入债务，债权人未在合理期限内明确拒绝的，债权人可以请求第三人在其愿意承担的债务范围内和债务人承担连带债务。

第五百五十三条 债务人转移债务的，新债务人可以主张原债务人对债权人的抗辩；原债务人对债权人享有债权的，新债务人不得向债权人主张抵销。

第五百五十四条 债务人转移债务的，新债务人应当承担与主债务有关的从债务，但是该从债务专属于原债务人自身的除外。

第五百五十五条 当事人一方经对方同意，可以将自己在合同中的权利和义务一并转让给第三人。

第五百五十六条 合同的权利和义务一并转让的，适用债权转让、债务转移的有关规定。

第七章 合同的权利义务终止

第五百五十七条 有下列情形之一的，债权债务终止：

（一）债务已经履行；

（二）债务相互抵销；

（三）债务人依法将标的物提存；

（四）债权人免除债务；

（五）债权债务同归于一人；

（六）法律规定或者当事人约定终止的其他情形。

合同解除的，该合同的权利义务关系终止。

第五百五十八条 债权债务终止后，当事人应当遵循诚信等原则，根据交易习惯履行通知、协助、保密、旧物回收等义务。

第五百五十九条 债权债务终止时，债权的从权利同时消灭，但是法律另有规定或者当事人另有约定的除外。

第五百六十条 债务人对同一债权人负担的数项债务种类相同，债务人的给付不足以清偿全部债务的，除当事人另有约定外，由债务人在清偿时指定其履行的债务。

债务人未作指定的，应当优先履行已经到期的债务；数项债务均到期的，优先履行对债权人缺乏担保或者担保最少的债务；均无担保或者担保相等的，优先履行债务人负担较重的债务；负担相同的，按照债务到期的先后顺序履行；到期时间相同的，按照债务比例履行。

第五百六十一条 债务人在履行主债务外还应当支付利息和实现债权的有关费用，其给付不足以清偿全部债务的，除当事人另有约定外，应当按照下列顺序履行：

（一）实现债权的有关费用；

（二）利息；

（三）主债务。

第五百六十二条 当事人协商一致，可以解除合同。

当事人可以约定一方解除合同的事由。解除合同的事由发生时，解除权人可以解除合同。

第五百六十三条 有下列情形之一的，当事人可以解除合同：

（一）因不可抗力致使不能实现合同目的；

（二）在履行期限届满前，当事人一方明确表示或者以自己的行为表明不履行主要债务；

（三）当事人一方迟延履行主要债务，经催告后在合理期限内仍未履行；

（四）当事人一方迟延履行债务或者有其他违约行为致使不能实现合同目的；

（五）法律规定的其他情形。

以持续履行的债务为内容的不定期合同，当事人可以随时解除合同，但是应当在合理期限之前通知对方。

第五百六十四条 法律规定或者当事人约定解除权行使期限，期限届满当事人不行使的，该权利消灭。

法律没有规定或者当事人没有约定解除权行使期限，自解除权人知道或者应当知道解除事由之日起一年内不行使，或者经对方催告后在合理期限内不行使的，该权利消灭。

第五百六十五条 当事人一方依法主张解除合同的，应当通知对方。合同自通知到达对方时解除；通知载明债务人在一定期限内不履行债务则合同自动解除，债务人在该期限内未履行债务的，合同自通知载明的期限届满时解除。对方对解除合同有异议的，任何一方当事人均可以请求人民法院或者仲裁机构确认解除行为的效力。

当事人一方未通知对方，直接以提起诉讼或者申请仲裁的方式依法主张解除合同，人民法院或者仲裁机构确认该主张的，合同自起诉状副本或者仲裁申请书副本送达对方时解除。

第五百六十六条 合同解除后，尚未履行的，终止履行；已经履行的，根据履行情况和合同性质，当事人可以请求恢复原状或者采取其他补救措施，并有权请求赔偿损失。

合同因违约解除的，解除权人可以请求违约方承担违约责任，但是当事人另有约定的除外。

主合同解除后，担保人对债务人应当承担的民事责任仍应当承担担保责任，但是担保合同另有约定的除外。

第五百六十七条 合同的权利义务关系终止，不影响合同中结算和清理条款的效力。

第五百六十八条 当事人互负债务，该债务的标的物种类、品质相同的，任何一方可以将自己的债务与对方的到期债务抵销；但是，根据债务性质、按照当事人约定或者依照法律规定不得抵销的除外。

当事人主张抵销的，应当通知对方。通知自到达对方时生效。抵销不得附条件或者附期限。

第五百六十九条 当事人互负债务，标的物种类、品质不相同的，经协商一致，也可以抵销。

第五百七十条 有下列情形之一，难以履行债务的，债务人可以将标的物提存：

（一）债权人无正当理由拒绝受领；

（二）债权人下落不明；

（三）债权人死亡未确定继承人、遗产管理人，或者丧失民事行为能力未确定监护人；

（四）法律规定的其他情形。

标的物不适于提存或者提存费用过高的，债务人依法可以拍卖或者变卖标的物，提存所得的价款。

第五百七十一条 债务人将标的物或者将标的物依法拍卖、变卖所得价款交付提存部门时,提存成立。

提存成立的,视为债务人在其提存范围内已经交付标的物。

第五百七十二条 标的物提存后,债务人应当及时通知债权人或者债权人的继承人、遗产管理人、监护人、财产代管人。

第五百七十三条 标的物提存后,毁损、灭失的风险由债权人承担。提存期间,标的物的孳息归债权人所有。提存费用由债权人负担。

第五百七十四条 债权人可以随时领取提存物。但是,债权人对债务人负有到期债务的,在债权人未履行债务或者提供担保之前,提存部门根据债务人的要求应当拒绝其领取提存物。

债权人领取提存物的权利,自提存之日起五年内不行使而消灭,提存物扣除提存费用后归国家所有。但是,债权人未履行对债务人的到期债务,或者债权人向提存部门书面表示放弃领取提存物权利的,债务人负担提存费用后有权取回提存物。

第五百七十五条 债权人免除债务人部分或者全部债务的,债权债务部分或者全部终止,但是债务人在合理期限内拒绝的除外。

第五百七十六条 债权和债务同归于一人的,债权债务终止,但是损害第三人利益的除外。

第八章　违约责任

第五百七十七条 当事人一方不履行合同义务或者履行合同义务不符合约定的,应当承担继续履行、采取补救措施或者赔偿损失等违约责任。

第五百七十八条 当事人一方明确表示或者以自己的行为表明不履行合同义务的,对方可以在履行期限届满前请求其承担违约责任。

第五百七十九条 当事人一方未支付价款、报酬、租金、利息,或者不履行其他金钱债务的,对方可以请求其支付。

第五百八十条 当事人一方不履行非金钱债务或者履行非金钱债务不符合约定的,对方可以请求履行,但是有下列情形之一的除外:

(一)法律上或者事实上不能履行;

(二)债务的标的不适于强制履行或者履行费用过高;

(三)债权人在合理期限内未请求履行。

有前款规定的除外情形之一,致使不能实现合同目的的,人民法院或者仲裁机构可以根据当事人的请求终止合同权利义务关系,但是不影响违约责任的承担。

第五百八十一条 当事人一方不履行债务或者履行债务不符合约定，根据债务的性质不得强制履行的，对方可以请求其负担由第三人替代履行的费用。

第五百八十二条 履行不符合约定的，应当按照当事人的约定承担违约责任。对违约责任没有约定或者约定不明确，依据本法第五百一十条的规定仍不能确定，受损害方根据标的的性质以及损失的大小，可以合理选择请求对方承担修理、重作、更换、退货、减少价款或者报酬等违约责任。

第五百八十三条 当事人一方不履行合同义务或者履行合同义务不符合约定的，在履行义务或者采取补救措施后，对方还有其他损失的，应当赔偿损失。

第五百八十四条 当事人一方不履行合同义务或者履行合同义务不符合约定，造成对方损失的，损失赔偿额应当相当于因违约所造成的损失，包括合同履行后可以获得的利益；但是，不得超过违约一方订立合同时预见到或者应当预见到的因违约可能造成的损失。

第五百八十五条 当事人可以约定一方违约时应当根据违约情况向对方支付一定数额的违约金，也可以约定因违约产生的损失赔偿额的计算方法。

约定的违约金低于造成的损失的，人民法院或者仲裁机构可以根据当事人的请求予以增加；约定的违约金过分高于造成的损失的，人民法院或者仲裁机构可以根据当事人的请求予以适当减少。

当事人就迟延履行约定违约金的，违约方支付违约金后，还应当履行债务。

第五百八十六条 当事人可以约定一方向对方给付定金作为债权的担保。定金合同自实际交付定金时成立。

定金的数额由当事人约定；但是，不得超过主合同标的额的百分之二十，超过部分不产生定金的效力。实际交付的定金数额多于或者少于约定数额的，视为变更约定的定金数额。

第五百八十七条 债务人履行债务的，定金应当抵作价款或者收回。给付定金的一方不履行债务或者履行债务不符合约定，致使不能实现合同目的的，无权请求返还定金；收受定金的一方不履行债务或者履行债务不符合约定，致使不能实现合同目的的，应当双倍返还定金。

第五百八十八条 当事人既约定违约金，又约定定金的，一方违约时，对方可以选择适用违约金或者定金条款。

定金不足以弥补一方违约造成的损失的，对方可以请求赔偿超过定金数额的损失。

第五百八十九条 债务人按照约定履行债务，债权人无正当理由拒绝受领的，债务人可以请求债权人赔偿增加的费用。

在债权人受领迟延期间，债务人无须支付利息。

第五百九十条 当事人一方因不可抗力不能履行合同的，根据不可抗力的影响，部分或者全部免除责任，但是法律另有规定的除外。因不可抗力不能履行合同的，应当及时通知对方，以减轻可能给对方造成的损失，并应当在合理期限内提供证明。

当事人迟延履行后发生不可抗力的，不免除其违约责任。

第五百九十一条 当事人一方违约后，对方应当采取适当措施防止损失的扩大；没有采取适当措施致使损失扩大的，不得就扩大的损失请求赔偿。

当事人因防止损失扩大而支出的合理费用，由违约方负担。

第五百九十二条 当事人都违反合同的，应当各自承担相应的责任。

当事人一方违约造成对方损失，对方对损失的发生有过错的，可以减少相应的损失赔偿额。

第五百九十三条 当事人一方因第三人的原因造成违约的，应当依法向对方承担违约责任。当事人一方和第三人之间的纠纷，依照法律规定或者按照约定处理。

第五百九十四条 因国际货物买卖合同和技术进出口合同争议提起诉讼或者申请仲裁的时效期间为四年。

第二分编　典型合同

第九章　买卖合同

第五百九十五条 买卖合同是出卖人转移标的物的所有权于买受人，买受人支付价款的合同。

第五百九十六条 买卖合同的内容一般包括标的物的名称、数量、质量、价款、履行期限、履行地点和方式、包装方式、检验标准和方法、结算方式、合同使用的文字及其效力等条款。

第五百九十七条 因出卖人未取得处分权致使标的物所有权不能转移

的，买受人可以解除合同并请求出卖人承担违约责任。

法律、行政法规禁止或者限制转让的标的物，依照其规定。

第五百九十八条 出卖人应当履行向买受人交付标的物或者交付提取标的物的单证，并转移标的物所有权的义务。

第五百九十九条 出卖人应当按照约定或者交易习惯向买受人交付提取标的物单证以外的有关单证和资料。

第六百条 出卖具有知识产权的标的物的，除法律另有规定或者当事人另有约定外，该标的物的知识产权不属于买受人。

第六百零一条 出卖人应当按照约定的时间交付标的物。约定交付期限的，出卖人可以在该交付期限内的任何时间交付。

第六百零二条 当事人没有约定标的物的交付期限或者约定不明确的，适用本法第五百一十条、第五百一十一条第四项的规定。

第六百零三条 出卖人应当按照约定的地点交付标的物。

当事人没有约定交付地点或者约定不明确，依据本法第五百一十条的规定仍不能确定的，适用下列规定：

（一）标的物需要运输的，出卖人应当将标的物交付给第一承运人以运交给买受人；

（二）标的物不需要运输，出卖人和买受人订立合同时知道标的物在某一地点的，出卖人应当在该地点交付标的物；不知道标的物在某一地点的，应当在出卖人订立合同时的营业地交付标的物。

第六百零四条 标的物毁损、灭失的风险，在标的物交付之前由出卖人承担，交付之后由买受人承担，但是法律另有规定或者当事人另有约定的除外。

第六百零五条 因买受人的原因致使标的物未按照约定的期限交付的，买受人应当自违反约定时起承担标的物毁损、灭失的风险。

第六百零六条 出卖人出卖交由承运人运输的在途标的物，除当事人另有约定外，毁损、灭失的风险自合同成立时起由买受人承担。

第六百零七条 出卖人按照约定将标的物运送至买受人指定地点并交付给承运人后，标的物毁损、灭失的风险由买受人承担。

当事人没有约定交付地点或者约定不明确，依据本法第六百零三条第二款第一项的规定标的物需要运输的，出卖人将标的物交付给第一承运人后，标的物毁损、灭失的风险由买受人承担。

第六百零八条 出卖人按照约定或者依据本法第六百零三条第二款第二项的规定将标的物置于交付地点，买受人违反约定没有收取的，标的物毁损、灭失的风险自违反约定时起由买受人承担。

第六百零九条　出卖人按照约定未交付有关标的物的单证和资料的，不影响标的物毁损、灭失风险的转移。

第六百一十条　因标的物不符合质量要求，致使不能实现合同目的的，买受人可以拒绝接受标的物或者解除合同。买受人拒绝接受标的物或者解除合同的，标的物毁损、灭失的风险由出卖人承担。

第六百一十一条　标的物毁损、灭失的风险由买受人承担的，不影响因出卖人履行义务不符合约定，买受人请求其承担违约责任的权利。

第六百一十二条　出卖人就交付的标的物，负有保证第三人对该标的物不享有任何权利的义务，但是法律另有规定的除外。

第六百一十三条　买受人订立合同时知道或者应当知道第三人对买卖的标的物享有权利的，出卖人不承担前条规定的义务。

第六百一十四条　买受人有确切证据证明第三人对标的物享有权利的，可以中止支付相应的价款，但是出卖人提供适当担保的除外。

第六百一十五条　出卖人应当按照约定的质量要求交付标的物。出卖人提供有关标的物质量说明的，交付的标的物应当符合该说明的质量要求。

第六百一十六条　当事人对标的物的质量要求没有约定或者约定不明确，依据本法第五百一十条的规定仍不能确定的，适用本法第五百一十一条第一项的规定。

第六百一十七条　出卖人交付的标的物不符合质量要求的，买受人可以依据本法第五百八十二条至第五百八十四条的规定请求承担违约责任。

第六百一十八条　当事人约定减轻或者免除出卖人对标的物瑕疵承担的责任，因出卖人故意或者重大过失不告知买受人标的物瑕疵的，出卖人无权主张减轻或者免除责任。

第六百一十九条　出卖人应当按照约定的包装方式交付标的物。对包装方式没有约定或者约定不明确，依据本法第五百一十条的规定仍不能确定的，应当按照通用的方式包装；没有通用方式的，应当采取足以保护标的物且有利于节约资源、保护生态环境的包装方式。

第六百二十条　买受人收到标的物时应当在约定的检验期限内检验。没有约定检验期限的，应当及时检验。

第六百二十一条　当事人约定检验期限的，买受人应当在检验期限内将标的物的数量或者质量不符合约定的情形通知出卖人。买受人怠于通知的，视为标的物的数量或者质量符合约定。

当事人没有约定检验期限的，买受人应当在发现或者应当发现标的物的数量或者质量不符合约定的合理期限内通知出卖人。买受人在合理期限内未通知或者自收到标的物之日起二年内未通知出卖人的，视为标的物的数量或者质量符合约定；但是，对标的物有质量保证期的，适用质量保证期，不适用该二年的规定。

出卖人知道或者应当知道提供的标的物不符合约定的，买受人不受前两款规定的通知时间的限制。

第六百二十二条 当事人约定的检验期限过短，根据标的物的性质和交易习惯，买受人在检验期限内难以完成全面检验的，该期限仅视为买受人对标的物的外观瑕疵提出异议的期限。

约定的检验期限或者质量保证期短于法律、行政法规规定期限的，应当以法律、行政法规规定的期限为准。

第六百二十三条 当事人对检验期限未作约定，买受人签收的送货单、确认单等载明标的物数量、型号、规格的，推定买受人已经对数量和外观瑕疵进行检验，但是有相关证据足以推翻的除外。

第六百二十四条 出卖人依照买受人的指示向第三人交付标的物，出卖人和买受人约定的检验标准与买受人和第三人约定的检验标准不一致的，以出卖人和买受人约定的检验标准为准。

第六百二十五条 依照法律、行政法规的规定或者按照当事人的约定，标的物在有效使用年限届满后应予回收的，出卖人负有自行或者委托第三人对标的物予以回收的义务。

第六百二十六条 买受人应当按照约定的数额和支付方式支付价款。对价款的数额和支付方式没有约定或者约定不明确的，适用本法第五百一十条、第五百一十一条第二项和第五项的规定。

第六百二十七条 买受人应当按照约定的地点支付价款。对支付地点没有约定或者约定不明确，依据本法第五百一十条的规定仍不能确定的，买受人应当在出卖人的营业地支付；但是，约定支付价款以交付标的物或者交付提取标的物单证为条件的，在交付标的物或者交付提取标的物单证的所在地支付。

第六百二十八条 买受人应当按照约定的时间支付价款。对支付时间没有约定或者约定不明确，依据本法第五百一十条的规定仍不能确定的，买受人应当在收到标的物或者提取标的物单证的同时支付。

第六百二十九条 出卖人多交标的物的，买受人可以接收或者拒绝接收多交的部分。买受人接收多交部分的，按照约定的价格支付价款；买受人拒绝接收多交部分的，应当及时通知出卖人。

第六百三十条 标的物在交付之前产生的孳息，归出卖人所有；交付之后产生的孳息，归买受人所有。但是，当事人另有约定的除外。

第六百三十一条 因标的物的主物不符合约定而解除合同的，解除合同的效力及于从物。因标的物的从物不符合约定被解除的，解除的效力不及于主物。

第六百三十二条 标的物为数物，其中一物不符合约定的，买受人可以就该物解除。但是，该物与他物分离使标的物的价值显受损害的，买受人可以就数物解除合同。

第六百三十三条 出卖人分批交付标的物的，出卖人对其中一批标的物不交付或者交付不符合约定，致使该批标的物不能实现合同目的的，买受人可以就该批标的物解除。

出卖人不交付其中一批标的物或者交付不符合约定，致使之后其他各批标的物的交付不能实现合同目的的，买受人可以就该批以及之后其他各批标的物解除。

买受人如果就其中一批标的物解除，该批标的物与其他各批标的物相互依存的，可以就已经交付和未交付的各批标的物解除。

第六百三十四条 分期付款的买受人未支付到期价款的数额达到全部价款的五分之一，经催告后在合理期限内仍未支付到期价款的，出卖人可以请求买受人支付全部价款或者解除合同。

出卖人解除合同的，可以向买受人请求支付该标的物的使用费。

第六百三十五条 凭样品买卖的当事人应当封存样品，并可以对样品质量予以说明。出卖人交付的标的物应当与样品及其说明的质量相同。

第六百三十六条 凭样品买卖的买受人不知道样品有隐蔽瑕疵的，即使交付的标的物与样品相同，出卖人交付的标的物的质量仍然应当符合同种物的通常标准。

第六百三十七条 试用买卖的当事人可以约定标的物的试用期限。对试用期限没有约定或者约定不明确，依据本法第五百一十条的规定仍不能确定的，由出卖人确定。

第六百三十八条 试用买卖的买受人在试用期内可以购买标的物，也可以拒绝购买。试用期限届满，买受人对是否购买标的物未作表示的，视为购买。

试用买卖的买受人在试用期内已经支付部分价款或者对标的物实施出

卖、出租、设立担保物权等行为的，视为同意购买。

第六百三十九条 试用买卖的当事人对标的物使用费没有约定或者约定不明确的，出卖人无权请求买受人支付。

第六百四十条 标的物在试用期内毁损、灭失的风险由出卖人承担。

第六百四十一条 当事人可以在买卖合同中约定买受人未履行支付价款或者其他义务的，标的物的所有权属于出卖人。

出卖人对标的物保留的所有权，未经登记，不得对抗善意第三人。

第六百四十二条 当事人约定出卖人保留合同标的物的所有权，在标的物所有权转移前，买受人有下列情形之一，造成出卖人损害的，除当事人另有约定外，出卖人有权取回标的物：

（一）未按照约定支付价款，经催告后在合理期限内仍未支付；

（二）未按照约定完成特定条件；

（三）将标的物出卖、出质或者作出其他不当处分。

出卖人可以与买受人协商取回标的物；协商不成的，可以参照适用担保物权的实现程序。

第六百四十三条 出卖人依据前条第一款的规定取回标的物后，买受人在双方约定或者出卖人指定的合理回赎期限内，消除出卖人取回标的物的事由的，可以请求回赎标的物。

买受人在回赎期限内没有回赎标的物，出卖人可以以合理价格将标的物出卖给第三人，出卖所得价款扣除买受人未支付的价款以及必要费用后仍有剩余的，应当返还买受人；不足部分由买受人清偿。

第六百四十四条 招标投标买卖的当事人的权利和义务以及招标投标程序等，依照有关法律、行政法规的规定。

第六百四十五条 拍卖的当事人的权利和义务以及拍卖程序等，依照有关法律、行政法规的规定。

第六百四十六条 法律对其他有偿合同有规定的，依照其规定；没有规定的，参照适用买卖合同的有关规定。

第六百四十七条 当事人约定易货交易，转移标的物的所有权的，参照适用买卖合同的有关规定。

第十章　供用电、水、气、热力合同

第六百四十八条 供用电合同是供电人向用电人供电，用电人支付电费的合同。

　　向社会公众供电的供电人，不得拒绝用电人合理的订立合同要求。

　　第六百四十九条　供用电合同的内容一般包括供电的方式、质量、时间，用电容量、地址、性质、计量方式，电价、电费的结算方式，供用电设施的维护责任等条款。

　　第六百五十条　供用电合同的履行地点，按照当事人约定；当事人没有约定或者约定不明确的，供电设施的产权分界处为履行地点。

　　第六百五十一条　供电人应当按照国家规定的供电质量标准和约定安全供电。供电人未按照国家规定的供电质量标准和约定安全供电，造成用电人损失的，应当承担赔偿责任。

　　第六百五十二条　供电人因供电设施计划检修、临时检修、依法限电或者用电人违法用电等原因，需要中断供电时，应当按照国家有关规定事先通知用电人；未事先通知用电人中断供电，造成用电人损失的，应当承担赔偿责任。

　　第六百五十三条　因自然灾害等原因断电，供电人应当按照国家有关规定及时抢修；未及时抢修，造成用电人损失的，应当承担赔偿责任。

　　第六百五十四条　用电人应当按照国家有关规定和当事人的约定及时支付电费。用电人逾期不支付电费的，应当按照约定支付违约金。经催告用电人在合理期限内仍不支付电费和违约金的，供电人可以按照国家规定的程序中止供电。

　　供电人依据前款规定中止供电的，应当事先通知用电人。

　　第六百五十五条　用电人应当按照国家有关规定和当事人的约定安全、节约和计划用电。用电人未按照国家有关规定和当事人的约定用电，造成供电人损失的，应当承担赔偿责任。

　　第六百五十六条　供用水、供用气、供用热力合同，参照适用供用电合同的有关规定。

第十一章　赠与合同

　　第六百五十七条　赠与合同是赠与人将自己的财产无偿给予受赠人，受赠人表示接受赠与的合同。

　　第六百五十八条　赠与人在赠与财产的权利转移之前可以撤销赠与。

　　经过公证的赠与合同或者依法不得撤销的具有救灾、扶贫、助残等公益、道德义务性质的赠与合同，不适用前款规定。

第六百五十九条 赠与的财产依法需要办理登记或者其他手续的，应当办理有关手续。

第六百六十条 经过公证的赠与合同或者依法不得撤销的具有救灾、扶贫、助残等公益、道德义务性质的赠与合同，赠与人不交付赠与财产的，受赠人可以请求交付。

依据前款规定应当交付的赠与财产因赠与人故意或者重大过失致使毁损、灭失的，赠与人应当承担赔偿责任。

第六百六十一条 赠与可以附义务。

赠与附义务的，受赠人应当按照约定履行义务。

第六百六十二条 赠与的财产有瑕疵的，赠与人不承担责任。附义务的赠与，赠与的财产有瑕疵的，赠与人在附义务的限度内承担与出卖人相同的责任。

赠与人故意不告知瑕疵或者保证无瑕疵，造成受赠人损失的，应当承担赔偿责任。

第六百六十三条 受赠人有下列情形之一的，赠与人可以撤销赠与：

（一）严重侵害赠与人或者赠与人近亲属的合法权益；

（二）对赠与人有扶养义务而不履行；

（三）不履行赠与合同约定的义务。

赠与人的撤销权，自知道或者应当知道撤销事由之日起一年内行使。

第六百六十四条 因受赠人的违法行为致使赠与人死亡或者丧失民事行为能力的，赠与人的继承人或者法定代理人可以撤销赠与。

赠与人的继承人或者法定代理人的撤销权，自知道或者应当知道撤销事由之日起六个月内行使。

第六百六十五条 撤销权人撤销赠与的，可以向受赠人请求返还赠与的财产。

第六百六十六条 赠与人的经济状况显著恶化，严重影响其生产经营或者家庭生活的，可以不再履行赠与义务。

第十二章　借款合同

第六百六十七条 借款合同是借款人向贷款人借款，到期返还借款并支付利息的合同。

第六百六十八条　借款合同应当采用书面形式，但是自然人之间借款另有约定的除外。

借款合同的内容一般包括借款种类、币种、用途、数额、利率、期限和还款方式等条款。

第六百六十九条　订立借款合同，借款人应当按照贷款人的要求提供与借款有关的业务活动和财务状况的真实情况。

第六百七十条　借款的利息不得预先在本金中扣除。利息预先在本金中扣除的，应当按照实际借款数额返还借款并计算利息。

第六百七十一条　贷款人未按照约定的日期、数额提供借款，造成借款人损失的，应当赔偿损失。

借款人未按照约定的日期、数额收取借款的，应当按照约定的日期、数额支付利息。

第六百七十二条　贷款人按照约定可以检查、监督借款的使用情况。借款人应当按照约定向贷款人定期提供有关财务会计报表或者其他资料。

第六百七十三条　借款人未按照约定的借款用途使用借款的，贷款人可以停止发放借款、提前收回借款或者解除合同。

第六百七十四条　借款人应当按照约定的期限支付利息。对支付利息的期限没有约定或者约定不明确，依据本法第五百一十条的规定仍不能确定，借款期间不满一年的，应当在返还借款时一并支付；借款期间一年以上的，应当在每届满一年时支付，剩余期间不满一年的，应当在返还借款时一并支付。

第六百七十五条　借款人应当按照约定的期限返还借款。对借款期限没有约定或者约定不明确，依据本法第五百一十条的规定仍不能确定的，借款人可以随时返还；贷款人可以催告借款人在合理期限内返还。

第六百七十六条　借款人未按照约定的期限返还借款的，应当按照约定或者国家有关规定支付逾期利息。

第六百七十七条　借款人提前返还借款的，除当事人另有约定外，应当按照实际借款的期间计算利息。

第六百七十八条　借款人可以在还款期限届满前向贷款人申请展期；贷款人同意的，可以展期。

第六百七十九条　自然人之间的借款合同，自贷款人提供借款时成立。

第六百八十条　禁止高利放贷，借款的利率不得违反国家有关规定。

借款合同对支付利息没有约定的，视为没有利息。

借款合同对支付利息约定不明确，当事人不能达成补充协议的，按照当地或者当事人的交易方式、交易习惯、市场利率等因素确定利息；自然人之间借款的，视为没有利息。

第十三章　保证合同

第一节　一般规定

第六百八十一条　保证合同是为保障债权的实现，保证人和债权人约定，当债务人不履行到期债务或者发生当事人约定的情形时，保证人履行债务或者承担责任的合同。

第六百八十二条　保证合同是主债权债务合同的从合同。主债权债务合同无效的，保证合同无效，但是法律另有规定的除外。

保证合同被确认无效后，债务人、保证人、债权人有过错的，应当根据其过错各自承担相应的民事责任。

第六百八十三条　机关法人不得为保证人，但是经国务院批准为使用外国政府或者国际经济组织贷款进行转贷的除外。

以公益为目的的非营利法人、非法人组织不得为保证人。

第六百八十四条　保证合同的内容一般包括被保证的主债权的种类、数额，债务人履行债务的期限，保证的方式、范围和期间等条款。

第六百八十五条　保证合同可以是单独订立的书面合同，也可以是主债权债务合同中的保证条款。

第三人单方以书面形式向债权人作出保证，债权人接收且未提出异议的，保证合同成立。

第六百八十六条　保证的方式包括一般保证和连带责任保证。

当事人在保证合同中对保证方式没有约定或者约定不明确的，按照一般保证承担保证责任。

第六百八十七条　当事人在保证合同中约定，债务人不能履行债务时，由保证人承担保证责任的，为一般保证。

一般保证的保证人在主合同纠纷未经审判或者仲裁，并就债务人财产依法强制执行仍不能履行债务前，有权拒绝向债权人承担保证责任，但是有下列情形之一的除外：

（一）债务人下落不明，且无财产可供执行；

（二）人民法院已经受理债务人破产案件；

（三）债权人有证据证明债务人的财产不足以履行全部债务或者丧失履行债务能力；

（四）保证人书面表示放弃本款规定的权利。

第六百八十八条 当事人在保证合同中约定保证人和债务人对债务承担连带责任的，为连带责任保证。

连带责任保证的债务人不履行到期债务或者发生当事人约定的情形时，债权人可以请求债务人履行债务，也可以请求保证人在其保证范围内承担保证责任。

第六百八十九条 保证人可以要求债务人提供反担保。

第六百九十条 保证人与债权人可以协商订立最高额保证的合同，约定在最高债权额限度内就一定期间连续发生的债权提供保证。

最高额保证除适用本章规定外，参照适用本法第二编最高额抵押权的有关规定。

第二节 保证责任

第六百九十一条 保证的范围包括主债权及其利息、违约金、损害赔偿金和实现债权的费用。当事人另有约定的，按照其约定。

第六百九十二条 保证期间是确定保证人承担保证责任的期间，不发生中止、中断和延长。

债权人与保证人可以约定保证期间，但是约定的保证期间早于主债务履行期限或者与主债务履行期限同时届满的，视为没有约定；没有约定或者约定不明确的，保证期间为主债务履行期限届满之日起六个月。

债权人与债务人对主债务履行期限没有约定或者约定不明确的，保证期间自债权人请求债务人履行债务的宽限期届满之日起计算。

第六百九十三条 一般保证的债权人未在保证期间对债务人提起诉讼或者申请仲裁的，保证人不再承担保证责任。

连带责任保证的债权人未在保证期间请求保证人承担保证责任的，保证人不再承担保证责任。

第六百九十四条 一般保证的债权人在保证期间届满前对债务人提起诉讼或者申请仲裁的，从保证人拒绝承担保证责任的权利消灭之日起，开始计算保证债务的诉讼时效。

连带责任保证的债权人在保证期间届满前请求保证人承担保证责任的，从债权人请求保证人承担保证责任之日起，开始计算保证债务的诉讼时效。

第六百九十五条 债权人和债务人未经保证人书面同意，协商变更主债权债务合同内容，减轻债务的，保证人仍对变更后的债务承担保证责任；加重债务的，保证人对加重的部分不承担保证责任。

债权人和债务人变更主债权债务合同的履行期限，未经保证人书面同意的，保证期间不受影响。

第六百九十六条 债权人转让全部或者部分债权，未通知保证人的，该转让对保证人不发生效力。

保证人与债权人约定禁止债权转让，债权人未经保证人书面同意转让债权的，保证人对受让人不再承担保证责任。

第六百九十七条 债权人未经保证人书面同意，允许债务人转移全部或者部分债务，保证人对未经其同意转移的债务不再承担保证责任，但是债权人和保证人另有约定的除外。

第三人加入债务的，保证人的保证责任不受影响。

第六百九十八条 一般保证的保证人在主债务履行期限届满后，向债权人提供债务人可供执行财产的真实情况，债权人放弃或者怠于行使权利致使该财产不能被执行的，保证人在其提供可供执行财产的价值范围内不再承担保证责任。

第六百九十九条 同一债务有两个以上保证人的，保证人应当按照保证合同约定的保证份额，承担保证责任；没有约定保证份额的，债权人可以请求任何一个保证人在其保证范围内承担保证责任。

第七百条 保证人承担保证责任后，除当事人另有约定外，有权在其承担保证责任的范围内向债务人追偿，享有债权人对债务人的权利，但是不得损害债权人的利益。

第七百零一条 保证人可以主张债务人对债权人的抗辩。债务人放弃抗辩的，保证人仍有权向债权人主张抗辩。

第七百零二条 债务人对债权人享有抵销权或者撤销权的，保证人可以在相应范围内拒绝承担保证责任。

第十四章　租赁合同

第七百零三条　租赁合同是出租人将租赁物交付承租人使用、收益，承租人支付租金的合同。

第七百零四条　租赁合同的内容一般包括租赁物的名称、数量、用途、租赁期限、租金及其支付期限和方式、租赁物维修等条款。

第七百零五条　租赁期限不得超过二十年。超过二十年的，超过部分无效。

租赁期限届满，当事人可以续订租赁合同；但是，约定的租赁期限自续订之日起不得超过二十年。

第七百零六条　当事人未依照法律、行政法规规定办理租赁合同登记备案手续的，不影响合同的效力。

第七百零七条　租赁期限六个月以上的，应当采用书面形式。当事人未采用书面形式，无法确定租赁期限的，视为不定期租赁。

第七百零八条　出租人应当按照约定将租赁物交付承租人，并在租赁期限内保持租赁物符合约定的用途。

第七百零九条　承租人应当按照约定的方法使用租赁物。对租赁物的使用方法没有约定或者约定不明确，依据本法第五百一十条的规定仍不能确定的，应当根据租赁物的性质使用。

第七百一十条　承租人按照约定的方法或者根据租赁物的性质使用租赁物，致使租赁物受到损耗的，不承担赔偿责任。

第七百一十一条　承租人未按照约定的方法或者未根据租赁物的性质使用租赁物，致使租赁物受到损失的，出租人可以解除合同并请求赔偿损失。

第七百一十二条　出租人应当履行租赁物的维修义务，但是当事人另有约定的除外。

第七百一十三条　承租人在租赁物需要维修时可以请求出租人在合理期限内维修。出租人未履行维修义务的，承租人可以自行维修，维修费用由出租人负担。因维修租赁物影响承租人使用的，应当相应减少租金或者延长租期。

因承租人的过错致使租赁物需要维修的，出租人不承担前款规定的维修义务。

第七百一十四条　承租人应当妥善保管租赁物，因保管不善造成租赁物毁损、灭失的，应当承担赔偿责任。

第七百一十五条　承租人经出租人同意，可以对租赁物进行改善或者增设他物。

承租人未经出租人同意，对租赁物进行改善或者增设他物的，出租人可以请求承租人恢复原状或者赔偿损失。

第七百一十六条 承租人经出租人同意，可以将租赁物转租给第三人。承租人转租的，承租人与出租人之间的租赁合同继续有效；第三人造成租赁物损失的，承租人应当赔偿损失。

承租人未经出租人同意转租的，出租人可以解除合同。

第七百一十七条 承租人经出租人同意将租赁物转租给第三人，转租期限超过承租人剩余租赁期限的，超过部分的约定对出租人不具有法律约束力，但是出租人与承租人另有约定的除外。

第七百一十八条 出租人知道或者应当知道承租人转租，但是在六个月内未提出异议的，视为出租人同意转租。

第七百一十九条 承租人拖欠租金的，次承租人可以代承租人支付其欠付的租金和违约金，但是转租合同对出租人不具有法律约束力的除外。

次承租人代为支付的租金和违约金，可以充抵次承租人应当向承租人支付的租金；超出其应付的租金数额的，可以向承租人追偿。

第七百二十条 在租赁期限内因占有、使用租赁物获得的收益，归承租人所有，但是当事人另有约定的除外。

第七百二十一条 承租人应当按照约定的期限支付租金。对支付租金的期限没有约定或者约定不明确，依据本法第五百一十条的规定仍不能确定，租赁期限不满一年的，应当在租赁期限届满时支付；租赁期限一年以上的，应当在每届满一年时支付，剩余期限不满一年的，应当在租赁期限届满时支付。

第七百二十二条 承租人无正当理由未支付或者迟延支付租金的，出租人可以请求承租人在合理期限内支付；承租人逾期不支付的，出租人可以解除合同。

第七百二十三条 因第三人主张权利，致使承租人不能对租赁物使用、收益的，承租人可以请求减少租金或者不支付租金。

第三人主张权利的，承租人应当及时通知出租人。

第七百二十四条 有下列情形之一，非因承租人原因致使租赁物无法使用的，承租人可以解除合同：

（一）租赁物被司法机关或者行政机关依法查封、扣押；

（二）租赁物权属有争议；

（三）租赁物具有违反法律、行政法规关于使用条件的强制性规定情形。

第七百二十五条 租赁物在承租人按照租赁合同占有期限内发生所有权变动的,不影响租赁合同的效力。

第七百二十六条 出租人出卖租赁房屋的,应当在出卖之前的合理期限内通知承租人,承租人享有以同等条件优先购买的权利;但是,房屋按份共有人行使优先购买权或者出租人将房屋出卖给近亲属的除外。

出租人履行通知义务后,承租人在十五日内未明确表示购买的,视为承租人放弃优先购买权。

第七百二十七条 出租人委托拍卖人拍卖租赁房屋的,应当在拍卖五日前通知承租人。承租人未参加拍卖的,视为放弃优先购买权。

第七百二十八条 出租人未通知承租人或者有其他妨害承租人行使优先购买权情形的,承租人可以请求出租人承担赔偿责任。但是,出租人与第三人订立的房屋买卖合同的效力不受影响。

第七百二十九条 因不可归责于承租人的事由,致使租赁物部分或者全部毁损、灭失的,承租人可以请求减少租金或者不支付租金;因租赁物部分或者全部毁损、灭失,致使不能实现合同目的的,承租人可以解除合同。

第七百三十条 当事人对租赁期限没有约定或者约定不明确,依据本法第五百一十条的规定仍不能确定的,视为不定期租赁;当事人可以随时解除合同,但是应当在合理期限之前通知对方。

第七百三十一条 租赁物危及承租人的安全或者健康的,即使承租人订立合同时明知该租赁物质量不合格,承租人仍然可以随时解除合同。

第七百三十二条 承租人在房屋租赁期限内死亡的,与其生前共同居住的人或者共同经营人可以按照原租赁合同租赁该房屋。

第七百三十三条 租赁期限届满,承租人应当返还租赁物。返还的租赁物应当符合按照约定或者根据租赁物的性质使用后的状态。

第七百三十四条 租赁期限届满,承租人继续使用租赁物,出租人没有提出异议的,原租赁合同继续有效,但是租赁期限为不定期。

租赁期限届满,房屋承租人享有以同等条件优先承租的权利。

第十五章 融资租赁合同

第七百三十五条 融资租赁合同是出租人根据承租人对出卖人、租赁物的选择,向出卖人购买租赁物,提供给承租人使用,承租人支付租金的合同。

第七百三十六条 融资租赁合同的内容一般包括租赁物的名称、数量、规格、技术性能、检验方法，租赁期限，租金构成及其支付期限和方式、币种，租赁期限届满租赁物的归属等条款。

融资租赁合同应当采用书面形式。

第七百三十七条 当事人以虚构租赁物方式订立的融资租赁合同无效。

第七百三十八条 依照法律、行政法规的规定，对于租赁物的经营使用应当取得行政许可的，出租人未取得行政许可不影响融资租赁合同的效力。

第七百三十九条 出租人根据承租人对出卖人、租赁物的选择订立的买卖合同，出卖人应当按照约定向承租人交付标的物，承租人享有与受领标的物有关的买受人的权利。

第七百四十条 出卖人违反向承租人交付标的物的义务，有下列情形之一的，承租人可以拒绝受领出卖人向其交付的标的物：

（一）标的物严重不符合约定；

（二）未按照约定交付标的物，经承租人或者出租人催告后在合理期限内仍未交付。

承租人拒绝受领标的物的，应当及时通知出租人。

第七百四十一条 出租人、出卖人、承租人可以约定，出卖人不履行买卖合同义务的，由承租人行使索赔的权利。承租人行使索赔权利的，出租人应当协助。

第七百四十二条 承租人对出卖人行使索赔权利，不影响其履行支付租金的义务。但是，承租人依赖出租人的技能确定租赁物或者出租人干预选择租赁物的，承租人可以请求减免相应租金。

第七百四十三条 出租人有下列情形之一，致使承租人对出卖人行使索赔权利失败的，承租人有权请求出租人承担相应的责任：

（一）明知租赁物有质量瑕疵而不告知承租人；

（二）承租人行使索赔权利时，未及时提供必要协助。

出租人怠于行使只能由其对出卖人行使的索赔权利，造成承租人损失的，承租人有权请求出租人承担赔偿责任。

第七百四十四条 出租人根据承租人对出卖人、租赁物的选择订立的买卖合同，未经承租人同意，出租人不得变更与承租人有关的合同内容。

第七百四十五条 出租人对租赁物享有的所有权，未经登记，不得对抗善意第三人。

第七百四十六条 融资租赁合同的租金，除当事人另有约定外，应当根据购买租赁物的大部分或者全部成本以及出租人的合理利润确定。

第七百四十七条 租赁物不符合约定或者不符合使用目的的，出租人不承担责任。但是，承租人依赖出租人的技能确定租赁物或者出租人干预选择租赁物的除外。

第七百四十八条 出租人应当保证承租人对租赁物的占有和使用。

出租人有下列情形之一的，承租人有权请求其赔偿损失：

（一）无正当理由收回租赁物；

（二）无正当理由妨碍、干扰承租人对租赁物的占有和使用；

（三）因出租人的原因致使第三人对租赁物主张权利；

（四）不当影响承租人对租赁物占有和使用的其他情形。

第七百四十九条 承租人占有租赁物期间，租赁物造成第三人人身损害或者财产损失的，出租人不承担责任。

第七百五十条 承租人应当妥善保管、使用租赁物。

承租人应当履行占有租赁物期间的维修义务。

第七百五十一条 承租人占有租赁物期间，租赁物毁损、灭失的，出租人有权请求承租人继续支付租金，但是法律另有规定或者当事人另有约定的除外。

第七百五十二条 承租人应当按照约定支付租金。承租人经催告后在合理期限内仍不支付租金的，出租人可以请求支付全部租金；也可以解除合同，收回租赁物。

第七百五十三条 承租人未经出租人同意，将租赁物转让、抵押、质押、投资入股或者以其他方式处分的，出租人可以解除融资租赁合同。

第七百五十四条 有下列情形之一的，出租人或者承租人可以解除融资租赁合同：

（一）出租人与出卖人订立的买卖合同解除、被确认无效或者被撤销，且未能重新订立买卖合同；

（二）租赁物因不可归责于当事人的原因毁损、灭失，且不能修复或者确定替代物；

（三）因出卖人的原因致使融资租赁合同的目的不能实现。

第七百五十五条 融资租赁合同因买卖合同解除、被确认无效或者被撤销而解除，出卖人、租赁物系由承租人选择的，出租人有权请求承租人赔偿相应损失；但是，因出租人原因致使买卖合同解除、被确认无效或者被撤销的除外。

出租人的损失已经在买卖合同解除、被确认无效或者被撤销时获得赔偿的，承租人不再承担相应的赔偿责任。

第七百五十六条 融资租赁合同因租赁物交付承租人后意外毁损、灭失等不可归责于当事人的原因解除的，出租人可以请求承租人按照租赁物折旧情况给予补偿。

第七百五十七条 出租人和承租人可以约定租赁期限届满租赁物的归属；对租赁物的归属没有约定或者约定不明确，依据本法第五百一十条的规定仍不能确定的，租赁物的所有权归出租人。

第七百五十八条 当事人约定租赁期限届满租赁物归承租人所有，承租人已经支付大部分租金，但是无力支付剩余租金，出租人因此解除合同收回租赁物，收回的租赁物的价值超过承租人欠付的租金以及其他费用的，承租人可以请求相应返还。

当事人约定租赁期限届满租赁物归出租人所有，因租赁物毁损、灭失或者附合、混合于他物致使承租人不能返还的，出租人有权请求承租人给予合理补偿。

第七百五十九条 当事人约定租赁期限届满，承租人仅需向出租人支付象征性价款的，视为约定的租金义务履行完毕后租赁物的所有权归承租人。

第七百六十条 融资租赁合同无效，当事人就该情形下租赁物的归属有约定的，按照其约定；没有约定或者约定不明确的，租赁物应当返还出租人。但是，因承租人原因致使合同无效，出租人不请求返还或者返还后会显著降低租赁物效用的，租赁物的所有权归承租人，由承租人给予出租人合理补偿。

第十六章 保理合同

第七百六十一条 保理合同是应收账款债权人将现有的或者将有的应收账款转让给保理人，保理人提供资金融通、应收账款管理或者催收、应收账款债务人付款担保等服务的合同。

第七百六十二条 保理合同的内容一般包括业务类型、服务范围、服务期限、基础交易合同情况、应收账款信息、保理融资款或者服务报酬及其支付方式等条款。

保理合同应当采用书面形式。

第七百六十三条 应收账款债权人与债务人虚构应收账款作为转让标的，与保理人订立保理合同的，应收账款债务人不得以应收账款不存在为由对抗保理人，但是保理人明知虚构的除外。

第七百六十四条 保理人向应收账款债务人发出应收账款转让通知的,应当表明保理人身份并附有必要凭证。

第七百六十五条 应收账款债务人接到应收账款转让通知后,应收账款债权人与债务人无正当理由协商变更或者终止基础交易合同,对保理人产生不利影响的,对保理人不发生效力。

第七百六十六条 当事人约定有追索权保理的,保理人可以向应收账款债权人主张返还保理融资款本息或者回购应收账款债权,也可以向应收账款债务人主张应收账款债权。保理人向应收账款债务人主张应收账款债权,在扣除保理融资款本息和相关费用后有剩余的,剩余部分应当返还给应收账款债权人。

第七百六十七条 当事人约定无追索权保理的,保理人应当向应收账款债务人主张应收账款债权,保理人取得超过保理融资款本息和相关费用的部分,无需向应收账款债权人返还。

第七百六十八条 应收账款债权人就同一应收账款订立多个保理合同,致使多个保理人主张权利的,已经登记的先于未登记的取得应收账款;均已经登记的,按照登记时间的先后顺序取得应收账款;均未登记的,由最先到达应收账款债务人的转让通知中载明的保理人取得应收账款;既未登记也未通知的,按照保理融资款或者服务报酬的比例取得应收账款。

第七百六十九条 本章没有规定的,适用本编第六章债权转让的有关规定。

第十七章　承揽合同

第七百七十条 承揽合同是承揽人按照定作人的要求完成工作,交付工作成果,定作人支付报酬的合同。

承揽包括加工、定作、修理、复制、测试、检验等工作。

第七百七十一条 承揽合同的内容一般包括承揽的标的、数量、质量、报酬,承揽方式,材料的提供,履行期限,验收标准和方法等条款。

第七百七十二条 承揽人应当以自己的设备、技术和劳力,完成主要工作,但是当事人另有约定的除外。

承揽人将其承揽的主要工作交由第三人完成的,应当就该第三人完成的工作成果向定作人负责;未经定作人同意的,定作人也可以解除合同。

第七百七十三条 承揽人可以将其承揽的辅助工作交由第三人完成。承揽人将其承揽的辅助工作交由第三人完成的，应当就该第三人完成的工作成果向定作人负责。

第七百七十四条 承揽人提供材料的，应当按照约定选用材料，并接受定作人检验。

第七百七十五条 定作人提供材料的，应当按照约定提供材料。承揽人对定作人提供的材料应当及时检验，发现不符合约定时，应当及时通知定作人更换、补齐或者采取其他补救措施。

承揽人不得擅自更换定作人提供的材料，不得更换不需要修理的零部件。

第七百七十六条 承揽人发现定作人提供的图纸或者技术要求不合理的，应当及时通知定作人。因定作人怠于答复等原因造成承揽人损失的，应当赔偿损失。

第七百七十七条 定作人中途变更承揽工作的要求，造成承揽人损失的，应当赔偿损失。

第七百七十八条 承揽工作需要定作人协助的，定作人有协助的义务。定作人不履行协助义务致使承揽工作不能完成的，承揽人可以催告定作人在合理期限内履行义务，并可以顺延履行期限；定作人逾期不履行的，承揽人可以解除合同。

第七百七十九条 承揽人在工作期间，应当接受定作人必要的监督检验。定作人不得因监督检验妨碍承揽人的正常工作。

第七百八十条 承揽人完成工作的，应当向定作人交付工作成果，并提交必要的技术资料和有关质量证明。定作人应当验收该工作成果。

第七百八十一条 承揽人交付的工作成果不符合质量要求的，定作人可以合理选择请求承揽人承担修理、重作、减少报酬、赔偿损失等违约责任。

第七百八十二条 定作人应当按照约定的期限支付报酬。对支付报酬的期限没有约定或者约定不明确，依据本法第五百一十条的规定仍不能确定的，定作人应当在承揽人交付工作成果时支付；工作成果部分交付的，定作人应当相应支付。

第七百八十三条 定作人未向承揽人支付报酬或者材料费等价款的，承揽人对完成的工作成果享有留置权或者有权拒绝交付，但是当事人另有约定的除外。

第七百八十四条 承揽人应当妥善保管定作人提供的材料以及完成的工作成果，因保管不善造成毁损、灭失的，应当承担赔偿责任。

第七百八十五条 承揽人应当按照定作人的要求保守秘密，未经定作人许可，不得留存复制品或者技术资料。

第七百八十六条 共同承揽人对定作人承担连带责任，但是当事人另有约定的除外。

第七百八十七条 定作人在承揽人完成工作前可以随时解除合同，造成承揽人损失的，应当赔偿损失。

第十八章　建设工程合同

第七百八十八条 建设工程合同是承包人进行工程建设，发包人支付价款的合同。

建设工程合同包括工程勘察、设计、施工合同。

第七百八十九条 建设工程合同应当采用书面形式。

第七百九十条 建设工程的招标投标活动，应当依照有关法律的规定公开、公平、公正进行。

第七百九十一条 发包人可以与总承包人订立建设工程合同，也可以分别与勘察人、设计人、施工人订立勘察、设计、施工承包合同。发包人不得将应当由一个承包人完成的建设工程支解成若干部分发包给数个承包人。

总承包人或者勘察、设计、施工承包人经发包人同意，可以将自己承包的部分工作交由第三人完成。第三人就其完成的工作成果与总承包人或者勘察、设计、施工承包人向发包人承担连带责任。承包人不得将其承包的全部建设工程转包给第三人或者将其承包的全部建设工程支解以后以分包的名义分别转包给第三人。

禁止承包人将工程分包给不具备相应资质条件的单位。禁止分包单位将其承包的工程再分包。建设工程主体结构的施工必须由承包人自行完成。

第七百九十二条 国家重大建设工程合同，应当按照国家规定的程序和国家批准的投资计划、可行性研究报告等文件订立。

第七百九十三条 建设工程施工合同无效，但是建设工程经验收合格的，可以参照合同关于工程价款的约定折价补偿承包人。

建设工程施工合同无效，且建设工程经验收不合格的，按照以下情形处理：

（一）修复后的建设工程经验收合格的，发包人可以请求承包人承担修复费用；

（二）修复后的建设工程经验收不合格的，承包人无权请求参照合同关于工程价款的约定折价补偿。

发包人对因建设工程不合格造成的损失有过错的，应当承担相应的责任。

第七百九十四条 勘察、设计合同的内容一般包括提交有关基础资料和概预算等文件的期限、质量要求、费用以及其他协作条件等条款。

第七百九十五条 施工合同的内容一般包括工程范围、建设工期、中间交工工程的开工和竣工时间、工程质量、工程造价、技术资料交付时间、材料和设备供应责任、拨款和结算、竣工验收、质量保修范围和质量保证期、相互协作等条款。

第七百九十六条 建设工程实行监理的，发包人应当与监理人采用书面形式订立委托监理合同。发包人与监理人的权利和义务以及法律责任，应当依照本编委托合同以及其他有关法律、行政法规的规定。

第七百九十七条 发包人在不妨碍承包人正常作业的情况下，可以随时对作业进度、质量进行检查。

第七百九十八条 隐蔽工程在隐蔽以前，承包人应当通知发包人检查。发包人没有及时检查的，承包人可以顺延工程日期，并有权请求赔偿停工、窝工等损失。

第七百九十九条 建设工程竣工后，发包人应当根据施工图纸及说明书、国家颁发的施工验收规范和质量检验标准及时进行验收。验收合格的，发包人应当按照约定支付价款，并接收该建设工程。

建设工程竣工经验收合格后，方可交付使用；未经验收或者验收不合格的，不得交付使用。

第八百条 勘察、设计的质量不符合要求或者未按照期限提交勘察、设计文件拖延工期，造成发包人损失的，勘察人、设计人应当继续完善勘察、设计，减收或者免收勘察、设计费并赔偿损失。

第八百零一条 因施工人的原因致使建设工程质量不符合约定的，发包人有权请求施工人在合理期限内无偿修理或者返工、改建。经过修理或者返工、改建后，造成逾期交付的，施工人应当承担违约责任。

第八百零二条 因承包人的原因致使建设工程在合理使用期限内造成人身损害和财产损失的，承包人应当承担赔偿责任。

第八百零三条 发包人未按照约定的时间和要求提供原材料、设备、场地、资金、技术资料的，承包人可以顺延工程日期，并有权请求赔偿停工、窝工等损失。

第八百零四条 因发包人的原因致使工程中途停建、缓建的，发包人应当采取措施弥补或者减少损失，赔偿承包人因此造成的停工、窝工、倒运、机械设备调迁、材料和构件积压等损失和实际费用。

第八百零五条 因发包人变更计划，提供的资料不准确，或者未按照期限提供必需的勘察、设计工作条件而造成勘察、设计的返工、停工或者修改设计，发包人应当按照勘察人、设计人实际消耗的工作量增付费用。

第八百零六条 承包人将建设工程转包、违法分包的，发包人可以解除合同。

发包人提供的主要建筑材料、建筑构配件和设备不符合强制性标准或者不履行协助义务，致使承包人无法施工，经催告后在合理期限内仍未履行相应义务的，承包人可以解除合同。

合同解除后，已经完成的建设工程质量合格的，发包人应当按照约定支付相应的工程价款；已经完成的建设工程质量不合格的，参照本法第七百九十三条的规定处理。

第八百零七条 发包人未按照约定支付价款的，承包人可以催告发包人在合理期限内支付价款。发包人逾期不支付的，除根据建设工程的性质不宜折价、拍卖外，承包人可以与发包人协议将该工程折价，也可以请求人民法院将该工程依法拍卖。建设工程的价款就该工程折价或者拍卖的价款优先受偿。

第八百零八条 本章没有规定的，适用承揽合同的有关规定。

第十九章 运输合同

第一节 一般规定

第八百零九条 运输合同是承运人将旅客或者货物从起运地点运输到约定地点，旅客、托运人或者收货人支付票款或者运输费用的合同。

第八百一十条 从事公共运输的承运人不得拒绝旅客、托运人通常、合理的运输要求。

第八百一十一条 承运人应当在约定期限或者合理期限内将旅客、货物安全运输到约定地点。

第八百一十二条 承运人应当按照约定的或者通常的运输路线将旅客、货物运输到约定地点。

第八百一十三条 旅客、托运人或者收货人应当支付票款或者运输费用。承运人未按照约定路线或者通常路线运输增加票款或者运输费用的，旅客、托运人或者收货人可以拒绝支付增加部分的票款或者运输费用。

第二节　客运合同

第八百一十四条 客运合同自承运人向旅客出具客票时成立，但是当事人另有约定或者另有交易习惯的除外。

第八百一十五条 旅客应当按照有效客票记载的时间、班次和座位号乘坐。旅客无票乘坐、超程乘坐、越级乘坐或者持不符合减价条件的优惠客票乘坐的，应当补交票款，承运人可以按照规定加收票款；旅客不支付票款的，承运人可以拒绝运输。

实名制客运合同的旅客丢失客票的，可以请求承运人挂失补办，承运人不得再次收取票款和其他不合理费用。

第八百一十六条 旅客因自己的原因不能按照客票记载的时间乘坐的，应当在约定的期限内办理退票或者变更手续；逾期办理的，承运人可以不退票款，并不再承担运输义务。

第八百一十七条 旅客随身携带行李应当符合约定的限量和品类要求；超过限量或者违反品类要求携带行李的，应当办理托运手续。

第八百一十八条 旅客不得随身携带或者在行李中夹带易燃、易爆、有毒、有腐蚀性、有放射性以及可能危及运输工具上人身和财产安全的危险物品或者违禁物品。

旅客违反前款规定的，承运人可以将危险物品或者违禁物品卸下、销毁或者送交有关部门。旅客坚持携带或者夹带危险物品或者违禁物品的，承运人应当拒绝运输。

第八百一十九条 承运人应当严格履行安全运输义务，及时告知旅客安全运输应当注意的事项。旅客对承运人为安全运输所作的合理安排应当积极协助和配合。

第八百二十条 承运人应当按照有效客票记载的时间、班次和座位号运输旅客。承运人迟延运输或者有其他不能正常运输情形的，应当及时告知和提醒旅客，采取必要的安置措施，并根据旅客的要求安排改乘其他班次或者退票；由此造成旅客损失的，承运人应当承担赔偿责任，但是不可归责于承运人的除外。

第八百二十一条　承运人擅自降低服务标准的,应当根据旅客的请求退票或者减收票款;提高服务标准的,不得加收票款。

第八百二十二条　承运人在运输过程中,应当尽力救助患有急病、分娩、遇险的旅客。

第八百二十三条　承运人应当对运输过程中旅客的伤亡承担赔偿责任;但是,伤亡是旅客自身健康原因造成的或者承运人证明伤亡是旅客故意、重大过失造成的除外。

前款规定适用于按照规定免票、持优待票或者经承运人许可搭乘的无票旅客。

第八百二十四条　在运输过程中旅客随身携带物品毁损、灭失,承运人有过错的,应当承担赔偿责任。

旅客托运的行李毁损、灭失的,适用货物运输的有关规定。

第三节　货运合同

第八百二十五条　托运人办理货物运输,应当向承运人准确表明收货人的姓名、名称或者凭指示的收货人,货物的名称、性质、重量、数量,收货地点等有关货物运输的必要情况。

因托运人申报不实或者遗漏重要情况,造成承运人损失的,托运人应当承担赔偿责任。

第八百二十六条　货物运输需要办理审批、检验等手续的,托运人应当将办理完有关手续的文件提交承运人。

第八百二十七条　托运人应当按照约定的方式包装货物。对包装方式没有约定或者约定不明确的,适用本法第六百一十九条的规定。

托运人违反前款规定的,承运人可以拒绝运输。

第八百二十八条　托运人托运易燃、易爆、有毒、有腐蚀性、有放射性等危险物品的,应当按照国家有关危险物品运输的规定对危险物品妥善包装,做出危险物品标志和标签,并将有关危险物品的名称、性质和防范措施的书面材料提交承运人。

托运人违反前款规定的,承运人可以拒绝运输,也可以采取相应措施以避免损失的发生,因此产生的费用由托运人负担。

第八百二十九条　在承运人将货物交付收货人之前,托运人可以要求承运人中止运输、返还货物、变更到达地或者将货物交给其他收货人,但是应当赔偿承运人因此受到的损失。

第八百三十条 货物运输到达后，承运人知道收货人的，应当及时通知收货人，收货人应当及时提货。收货人逾期提货的，应当向承运人支付保管费等费用。

第八百三十一条 收货人提货时应当按照约定的期限检验货物。对检验货物的期限没有约定或者约定不明确，依据本法第五百一十条的规定仍不能确定，应当在合理期限内检验货物。收货人在约定的期限或者合理期限内对货物的数量、毁损等未提出异议的，视为承运人已经按照运输单证的记载交付的初步证据。

第八百三十二条 承运人对运输过程中货物的毁损、灭失承担赔偿责任。但是，承运人证明货物的毁损、灭失是因不可抗力、货物本身的自然性质或者合理损耗以及托运人、收货人的过错造成的，不承担赔偿责任。

第八百三十三条 货物的毁损、灭失的赔偿额，当事人有约定的，按照其约定；没有约定或者约定不明确，依据本法第五百一十条的规定仍不能确定的，按照交付或者应当交付时货物到达地的市场价格计算。法律、行政法规对赔偿额的计算方法和赔偿限额另有规定的，依照其规定。

第八百三十四条 两个以上承运人以同一运输方式联运的，与托运人订立合同的承运人应当对全程运输承担责任；损失发生在某一运输区段的，与托运人订立合同的承运人和该区段的承运人承担连带责任。

第八百三十五条 货物在运输过程中因不可抗力灭失，未收取运费的，承运人不得请求支付运费；已经收取运费的，托运人可以请求返还。法律另有规定的，依照其规定。

第八百三十六条 托运人或者收货人不支付运费、保管费或者其他费用的，承运人对相应的运输货物享有留置权，但是当事人另有约定的除外。

第八百三十七条 收货人不明或者收货人无正当理由拒绝受领货物的，承运人依法可以提存货物。

第四节　多式联运合同

第八百三十八条 多式联运经营人负责履行或者组织履行多式联运合同，对全程运输享有承运人的权利，承担承运人的义务。

第八百三十九条 多式联运经营人可以与参加多式联运的各区段承运人就多式联运合同的各区段运输约定相互之间的责任；但是，该约定不影响多式联运经营人对全程运输承担的义务。

第八百四十条 多式联运经营人收到托运人交付的货物时，应当签发多式联运单据。按照托运人的要求，多式联运单据可以是可转让单据，也可以是不可转让单据。

第八百四十一条 因托运人托运货物时的过错造成多式联运经营人损失的，即使托运人已经转让多式联运单据，托运人仍然应当承担赔偿责任。

第八百四十二条 货物的毁损、灭失发生于多式联运的某一运输区段的，多式联运经营人的赔偿责任和责任限额，适用调整该区段运输方式的有关法律规定；货物毁损、灭失发生的运输区段不能确定的，依照本章规定承担赔偿责任。

第二十章 技术合同

第一节 一般规定

第八百四十三条 技术合同是当事人就技术开发、转让、许可、咨询或者服务订立的确立相互之间权利和义务的合同。

第八百四十四条 订立技术合同，应当有利于知识产权的保护和科学技术的进步，促进科学技术成果的研发、转化、应用和推广。

第八百四十五条 技术合同的内容一般包括项目的名称，标的的内容、范围和要求，履行的计划、地点和方式，技术信息和资料的保密，技术成果的归属和收益的分配办法，验收标准和方法，名词和术语的解释等条款。

与履行合同有关的技术背景资料、可行性论证和技术评价报告、项目任务书和计划书、技术标准、技术规范、原始设计和工艺文件，以及其他技术文档，按照当事人的约定可以作为合同的组成部分。

技术合同涉及专利的，应当注明发明创造的名称、专利申请人和专利权人、申请日期、申请号、专利号以及专利权的有效期限。

第八百四十六条 技术合同价款、报酬或者使用费的支付方式由当事人约定，可以采取一次总算、一次总付或者一次总算、分期支付，也可以采取提成支付或者提成支付附加预付入门费的方式。

约定提成支付的，可以按照产品价格、实施专利和使用技术秘密后新增的产值、利润或者产品销售额的一定比例提成，也可以按照约定的其他方式计算。提成支付的比例可以采取固定比例、逐年递增比例或者逐年递减比例。

约定提成支付的，当事人可以约定查阅有关会计账目的办法。

第八百四十七条　职务技术成果的使用权、转让权属于法人或者非法人组织的，法人或者非法人组织可以就该项职务技术成果订立技术合同。法人或者非法人组织订立技术合同转让职务技术成果时，职务技术成果的完成人享有以同等条件优先受让的权利。

职务技术成果是执行法人或者非法人组织的工作任务，或者主要是利用法人或者非法人组织的物质技术条件所完成的技术成果。

第八百四十八条　非职务技术成果的使用权、转让权属于完成技术成果的个人，完成技术成果的个人可以就该项非职务技术成果订立技术合同。

第八百四十九条　完成技术成果的个人享有在有关技术成果文件上写明自己是技术成果完成者的权利和取得荣誉证书、奖励的权利。

第八百五十条　非法垄断技术或者侵害他人技术成果的技术合同无效。

第二节　技术开发合同

第八百五十一条　技术开发合同是当事人之间就新技术、新产品、新工艺、新品种或者新材料及其系统的研究开发所订立的合同。

技术开发合同包括委托开发合同和合作开发合同。

技术开发合同应当采用书面形式。

当事人之间就具有实用价值的科技成果实施转化订立的合同，参照适用技术开发合同的有关规定。

第八百五十二条　委托开发合同的委托人应当按照约定支付研究开发经费和报酬，提供技术资料，提出研究开发要求，完成协作事项，接受研究开发成果。

第八百五十三条　委托开发合同的研究开发人应当按照约定制定和实施研究开发计划，合理使用研究开发经费，按期完成研究开发工作，交付研究开发成果，提供有关的技术资料和必要的技术指导，帮助委托人掌握研究开发成果。

第八百五十四条　委托开发合同的当事人违反约定造成研究开发工作停滞、延误或者失败的，应当承担违约责任。

第八百五十五条　合作开发合同的当事人应当按照约定进行投资，包括以技术进行投资，分工参与研究开发工作，协作配合研究开发工作。

第八百五十六条 合作开发合同的当事人违反约定造成研究开发工作停滞、延误或者失败的,应当承担违约责任。

第八百五十七条 作为技术开发合同标的的技术已经由他人公开,致使技术开发合同的履行没有意义的,当事人可以解除合同。

第八百五十八条 技术开发合同履行过程中,因出现无法克服的技术困难,致使研究开发失败或者部分失败的,该风险由当事人约定;没有约定或者约定不明确,依据本法第五百一十条的规定仍不能确定的,风险由当事人合理分担。

当事人一方发现前款规定的可能致使研究开发失败或者部分失败的情形时,应当及时通知另一方并采取适当措施减少损失;没有及时通知并采取适当措施,致使损失扩大的,应当就扩大的损失承担责任。

第八百五十九条 委托开发完成的发明创造,除法律另有规定或者当事人另有约定外,申请专利的权利属于研究开发人。研究开发人取得专利权的,委托人可以依法实施该专利。

研究开发人转让专利申请权的,委托人享有以同等条件优先受让的权利。

第八百六十条 合作开发完成的发明创造,申请专利的权利属于合作开发的当事人共有;当事人一方转让其共有的专利申请权的,其他各方享有以同等条件优先受让的权利。但是,当事人另有约定的除外。

合作开发的当事人一方声明放弃其共有的专利申请权的,除当事人另有约定外,可以由另一方单独申请或者由其他各方共同申请。申请人取得专利权的,放弃专利申请权的一方可以免费实施该专利。

合作开发的当事人一方不同意申请专利的,另一方或者其他各方不得申请专利。

第八百六十一条 委托开发或者合作开发完成的技术秘密成果的使用权、转让权以及收益的分配办法,由当事人约定;没有约定或者约定不明确,依据本法第五百一十条的规定仍不能确定的,在没有相同技术方案被授予专利权前,当事人均有使用和转让的权利。但是,委托开发的研究开发人不得在向委托人交付研究开发成果之前,将研究开发成果转让给第三人。

第三节 技术转让合同和技术许可合同

第八百六十二条 技术转让合同是合法拥有技术的权利人,将现有特定的专利、专利申请、技术秘密的相关权利让与他人所订立的合同。

技术许可合同是合法拥有技术的权利人,将现有特定的专利、技术秘密的相关权利许可他人实施、使用所订立的合同。

技术转让合同和技术许可合同中关于提供实施技术的专用设备、原材料或者提供有关的技术咨询、技术服务的约定,属于合同的组成部分。

第八百六十三条 技术转让合同包括专利权转让、专利申请权转让、技术秘密转让等合同。

技术许可合同包括专利实施许可、技术秘密使用许可等合同。

技术转让合同和技术许可合同应当采用书面形式。

第八百六十四条 技术转让合同和技术许可合同可以约定实施专利或者使用技术秘密的范围,但是不得限制技术竞争和技术发展。

第八百六十五条 专利实施许可合同仅在该专利权的存续期限内有效。专利权有效期限届满或者专利权被宣告无效的,专利权人不得就该专利与他人订立专利实施许可合同。

第八百六十六条 专利实施许可合同的许可人应当按照约定许可被许可人实施专利,交付实施专利有关的技术资料,提供必要的技术指导。

第八百六十七条 专利实施许可合同的被许可人应当按照约定实施专利,不得许可约定以外的第三人实施该专利,并按照约定支付使用费。

第八百六十八条 技术秘密转让合同的让与人和技术秘密使用许可合同的许可人应当按照约定提供技术资料,进行技术指导,保证技术的实用性、可靠性,承担保密义务。

前款规定的保密义务,不限制许可人申请专利,但是当事人另有约定的除外。

第八百六十九条 技术秘密转让合同的受让人和技术秘密使用许可合同的被许可人应当按照约定使用技术,支付转让费、使用费,承担保密义务。

第八百七十条 技术转让合同的让与人和技术许可合同的许可人应当保证自己是所提供的技术的合法拥有者,并保证所提供的技术完整、无误、有效,能够达到约定的目标。

第八百七十一条 技术转让合同的受让人和技术许可合同的被许可人应当按照约定的范围和期限,对让与人、许可人提供的技术中尚未公开的秘密部分,承担保密义务。

第八百七十二条 许可人未按照约定许可技术的,应当返还部分或者全部使用费,并应当承担违约责任;实施专利或者使用技术秘密超越约定的范围的,违反约定擅自许可第三人实施该项专利或者使用该项技术秘密的,应当停止违约行为，承担违约责任；违反约定的保密义务的，应当承担违约责任。

让与人承担违约责任，参照适用前款规定。

第八百七十三条 被许可人未按照约定支付使用费的，应当补交使用费并按照约定支付违约金；不补交使用费或者支付违约金的，应当停止实施专利或者使用技术秘密，交还技术资料，承担违约责任；实施专利或者使用技术秘密超越约定的范围的，未经许可人同意擅自许可第三人实施该专利或者使用该技术秘密的，应当停止违约行为，承担违约责任；违反约定的保密义务的，应当承担违约责任。

受让人承担违约责任，参照适用前款规定。

第八百七十四条 受让人或者被许可人按照约定实施专利、使用技术秘密侵害他人合法权益的，由让与人或者许可人承担责任，但是当事人另有约定的除外。

第八百七十五条 当事人可以按照互利的原则，在合同中约定实施专利、使用技术秘密后续改进的技术成果的分享办法；没有约定或者约定不明确，依据本法第五百一十条的规定仍不能确定的，一方后续改进的技术成果，其他各方无权分享。

第八百七十六条 集成电路布图设计专有权、植物新品种权、计算机软件著作权等其他知识产权的转让和许可，参照适用本节的有关规定。

第八百七十七条 法律、行政法规对技术进出口合同或者专利、专利申请合同另有规定的，依照其规定。

第四节 技术咨询合同和技术服务合同

第八百七十八条 技术咨询合同是当事人一方以技术知识为对方就特定技术项目提供可行性论证、技术预测、专题技术调查、分析评价报告等所订立的合同。

技术服务合同是当事人一方以技术知识为对方解决特定技术问题所订立的合同，不包括承揽合同和建设工程合同。

第八百七十九条 技术咨询合同的委托人应当按照约定阐明咨询的问题，提供技术背景材料及有关技术资料，接受受托人的工作成果，支付报酬。

第八百八十条 技术咨询合同的受托人应当按照约定的期限完成咨询报告或者解答问题，提出的咨询报告应当达到约定的要求。

第八百八十一条 技术咨询合同的委托人未按照约定提供必要的资料，

影响工作进度和质量，不接受或者逾期接受工作成果的，支付的报酬不得追回，未支付的报酬应当支付。

技术咨询合同的受托人未按期提出咨询报告或者提出的咨询报告不符合约定的，应当承担减收或者免收报酬等违约责任。

技术咨询合同的委托人按照受托人符合约定要求的咨询报告和意见作出决策所造成的损失，由委托人承担，但是当事人另有约定的除外。

第八百八十二条 技术服务合同的委托人应当按照约定提供工作条件，完成配合事项，接受工作成果并支付报酬。

第八百八十三条 技术服务合同的受托人应当按照约定完成服务项目，解决技术问题，保证工作质量，并传授解决技术问题的知识。

第八百八十四条 技术服务合同的委托人不履行合同义务或者履行合同义务不符合约定，影响工作进度和质量，不接受或者逾期接受工作成果的，支付的报酬不得追回，未支付的报酬应当支付。

技术服务合同的受托人未按照约定完成服务工作的，应当承担免收报酬等违约责任。

第八百八十五条 技术咨询合同、技术服务合同履行过程中，受托人利用委托人提供的技术资料和工作条件完成的新的技术成果，属于受托人。委托人利用受托人的工作成果完成的新的技术成果，属于委托人。当事人另有约定的，按照其约定。

第八百八十六条 技术咨询合同和技术服务合同对受托人正常开展工作所需费用的负担没有约定或者约定不明确的，由受托人负担。

第八百八十七条 法律、行政法规对技术中介合同、技术培训合同另有规定的，依照其规定。

第二十一章　保管合同

第八百八十八条 保管合同是保管人保管寄存人交付的保管物，并返还该物的合同。

寄存人到保管人处从事购物、就餐、住宿等活动，将物品存放在指定场所的，视为保管，但是当事人另有约定或者另有交易习惯的除外。

第八百八十九条 寄存人应当按照约定向保管人支付保管费。

当事人对保管费没有约定或者约定不明确，依据本法第五百一十条的规定仍不能确定的，视为无偿保管。

第八百九十条 保管合同自保管物交付时成立，但是当事人另有约定的除外。

第八百九十一条 寄存人向保管人交付保管物的，保管人应当出具保管凭证，但是另有交易习惯的除外。

第八百九十二条 保管人应当妥善保管保管物。

当事人可以约定保管场所或者方法。除紧急情况或者为维护寄存人利益外，不得擅自改变保管场所或者方法。

第八百九十三条 寄存人交付的保管物有瑕疵或者根据保管物的性质需要采取特殊保管措施的，寄存人应当将有关情况告知保管人。寄存人未告知，致使保管物受损失的，保管人不承担赔偿责任；保管人因此受损失的，除保管人知道或者应当知道且未采取补救措施外，寄存人应当承担赔偿责任。

第八百九十四条 保管人不得将保管物转交第三人保管，但是当事人另有约定的除外。

保管人违反前款规定，将保管物转交第三人保管，造成保管物损失的，应当承担赔偿责任。

第八百九十五条 保管人不得使用或者许可第三人使用保管物，但是当事人另有约定的除外。

第八百九十六条 第三人对保管物主张权利的，除依法对保管物采取保全或者执行措施外，保管人应当履行向寄存人返还保管物的义务。

第三人对保管人提起诉讼或者对保管物申请扣押的，保管人应当及时通知寄存人。

第八百九十七条 保管期内，因保管人保管不善造成保管物毁损、灭失的，保管人应当承担赔偿责任。但是，无偿保管人证明自己没有故意或者重大过失的，不承担赔偿责任。

第八百九十八条 寄存人寄存货币、有价证券或者其他贵重物品的，应当向保管人声明，由保管人验收或者封存；寄存人未声明的，该物品毁损、灭失后，保管人可以按照一般物品予以赔偿。

第八百九十九条 寄存人可以随时领取保管物。

当事人对保管期限没有约定或者约定不明确的，保管人可以随时请求寄存人领取保管物；约定保管期限的，保管人无特别事由，不得请求寄存人提前领取保管物。

第九百条 保管期限届满或者寄存人提前领取保管物的，保管人应当将原物及其孳息归还寄存人。

第九百零一条 保管人保管货币的，可以返还相同种类、数量的货币；保管其他可替代物的，可以按照约定返还相同种类、品质、数量的物品。

第九百零二条 有偿的保管合同，寄存人应当按照约定的期限向保管人支付保管费。

当事人对支付期限没有约定或者约定不明确，依据本法第五百一十条的规定仍不能确定的，应当在领取保管物的同时支付。

第九百零三条 寄存人未按照约定支付保管费或者其他费用的，保管人对保管物享有留置权，但是当事人另有约定的除外。

第二十二章 仓储合同

第九百零四条 仓储合同是保管人储存存货人交付的仓储物，存货人支付仓储费的合同。

第九百零五条 仓储合同自保管人和存货人意思表示一致时成立。

第九百零六条 储存易燃、易爆、有毒、有腐蚀性、有放射性等危险物品或者易变质物品的，存货人应当说明该物品的性质，提供有关资料。

存货人违反前款规定的，保管人可以拒收仓储物，也可以采取相应措施以避免损失的发生，因此产生的费用由存货人负担。

保管人储存易燃、易爆、有毒、有腐蚀性、有放射性等危险物品的，应当具备相应的保管条件。

第九百零七条 保管人应当按照约定对入库仓储物进行验收。保管人验收时发现入库仓储物与约定不符合的，应当及时通知存货人。保管人验收后，发生仓储物的品种、数量、质量不符合约定的，保管人应当承担赔偿责任。

第九百零八条 存货人交付仓储物的，保管人应当出具仓单、入库单等凭证。

第九百零九条 保管人应当在仓单上签名或者盖章。仓单包括下列事项：

（一）存货人的姓名或者名称和住所；

（二）仓储物的品种、数量、质量、包装及其件数和标记；

（三）仓储物的损耗标准；

（四）储存场所；

（五）储存期限；

（六）仓储费；

（七）仓储物已经办理保险的，其保险金额、期间以及保险人的名称；

（八）填发人、填发地和填发日期。

第九百一十条 仓单是提取仓储物的凭证。存货人或者仓单持有人在仓单上背书并经保管人签名或者盖章的，可以转让提取仓储物的权利。

第九百一十一条 保管人根据存货人或者仓单持有人的要求，应当同意其检查仓储物或者提取样品。

第九百一十二条 保管人发现入库仓储物有变质或者其他损坏的，应当及时通知存货人或者仓单持有人。

第九百一十三条 保管人发现入库仓储物有变质或者其他损坏，危及其他仓储物的安全和正常保管的，应当催告存货人或者仓单持有人作出必要的处置。因情况紧急，保管人可以作出必要的处置；但是，事后应当将该情况及时通知存货人或者仓单持有人。

第九百一十四条 当事人对储存期限没有约定或者约定不明确的，存货人或者仓单持有人可以随时提取仓储物，保管人也可以随时请求存货人或者仓单持有人提取仓储物，但是应当给予必要的准备时间。

第九百一十五条 储存期限届满，存货人或者仓单持有人应当凭仓单、入库单等提取仓储物。存货人或者仓单持有人逾期提取的，应当加收仓储费；提前提取的，不减收仓储费。

第九百一十六条 储存期限届满，存货人或者仓单持有人不提取仓储物的，保管人可以催告其在合理期限内提取；逾期不提取的，保管人可以提存仓储物。

第九百一十七条 储存期内，因保管不善造成仓储物毁损、灭失的，保管人应当承担赔偿责任。因仓储物本身的自然性质、包装不符合约定或者超过有效储存期造成仓储物变质、损坏的，保管人不承担赔偿责任。

第九百一十八条 本章没有规定的，适用保管合同的有关规定。

第二十三章　委托合同

第九百一十九条 委托合同是委托人和受托人约定，由受托人处理委托人事务的合同。

第九百二十条 委托人可以特别委托受托人处理一项或者数项事务，也可以概括委托受托人处理一切事务。

第九百二十一条 委托人应当预付处理委托事务的费用。受托人为处理委托事务垫付的必要费用，委托人应当偿还该费用并支付利息。

第九百二十二条 受托人应当按照委托人的指示处理委托事务。需要变更委托人指示的，应当经委托人同意；因情况紧急，难以和委托人取得联系的，受托人应当妥善处理委托事务，但是事后应当将该情况及时报告委托人。

第九百二十三条 受托人应当亲自处理委托事务。经委托人同意，受托人可以转委托。转委托经同意或者追认的，委托人可以就委托事务直接指示转委托的第三人，受托人仅就第三人的选任及其对第三人的指示承担责任。转委托未经同意或者追认的，受托人应当对转委托的第三人的行为承担责任；但是，在紧急情况下受托人为了维护委托人的利益需要转委托第三人的除外。

第九百二十四条 受托人应当按照委托人的要求，报告委托事务的处理情况。委托合同终止时，受托人应当报告委托事务的结果。

第九百二十五条 受托人以自己的名义，在委托人的授权范围内与第三人订立的合同，第三人在订立合同时知道受托人与委托人之间的代理关系的，该合同直接约束委托人和第三人；但是，有确切证据证明该合同只约束受托人和第三人的除外。

第九百二十六条 受托人以自己的名义与第三人订立合同时，第三人不知道受托人与委托人之间的代理关系的，受托人因第三人的原因对委托人不履行义务，受托人应当向委托人披露第三人，委托人因此可以行使受托人对第三人的权利。但是，第三人与受托人订立合同时如果知道该委托人就不会订立合同的除外。

受托人因委托人的原因对第三人不履行义务，受托人应当向第三人披露委托人，第三人因此可以选择受托人或者委托人作为相对人主张其权利，但是第三人不得变更选定的相对人。

委托人行使受托人对第三人的权利的，第三人可以向委托人主张其对受托人的抗辩。第三人选定委托人作为其相对人的，委托人可以向第三人主张其对受托人的抗辩以及受托人对第三人的抗辩。

第九百二十七条 受托人处理委托事务取得的财产，应当转交给委托人。

第九百二十八条 受托人完成委托事务的，委托人应当按照约定向其支付报酬。

因不可归责于受托人的事由，委托合同解除或者委托事务不能完成的，委托人应当向受托人支付相应的报酬。当事人另有约定的，按照其约定。

第九百二十九条 有偿的委托合同，因受托人的过错造成委托人损失的，委托人可以请求赔偿损失。无偿的委托合同，因受托人的故意或者重大过失造成委托人损失的，委托人可以请求赔偿损失。

受托人超越权限造成委托人损失的，应当赔偿损失。

第九百三十条 受托人处理委托事务时，因不可归责于自己的事由受到损失的，可以向委托人请求赔偿损失。

第九百三十一条 委托人经受托人同意，可以在受托人之外委托第三人处理委托事务。因此造成受托人损失的，受托人可以向委托人请求赔偿损失。

第九百三十二条 两个以上的受托人共同处理委托事务的，对委托人承担连带责任。

第九百三十三条 委托人或者受托人可以随时解除委托合同。因解除合同造成对方损失的，除不可归责于该当事人的事由外，无偿委托合同的解除方应当赔偿因解除时间不当造成的直接损失，有偿委托合同的解除方应当赔偿对方的直接损失和合同履行后可以获得的利益。

第九百三十四条 委托人死亡、终止或者受托人死亡、丧失民事行为能力、终止的，委托合同终止；但是，当事人另有约定或者根据委托事务的性质不宜终止的除外。

第九百三十五条 因委托人死亡或者被宣告破产、解散，致使委托合同终止将损害委托人利益的，在委托人的继承人、遗产管理人或者清算人承受委托事务之前，受托人应当继续处理委托事务。

第九百三十六条 因受托人死亡、丧失民事行为能力或者被宣告破产、解散，致使委托合同终止的，受托人的继承人、遗产管理人、法定代理人或者清算人应当及时通知委托人。因委托合同终止将损害委托人利益的，在委托人作出善后处理之前，受托人的继承人、遗产管理人、法定代理人或者清算人应当采取必要措施。

第二十四章　物业服务合同

第九百三十七条 物业服务合同是物业服务人在物业服务区域内，为业主提供建筑物及其附属设施的维修养护、环境卫生和相关秩序的管理维护等物业服务，业主支付物业费的合同。

物业服务人包括物业服务企业和其他管理人。

第九百三十八条 物业服务合同的内容一般包括服务事项、服务质量、服务费用的标准和收取办法、维修资金的使用、服务用房的管理和使用、服务期限、服务交接等条款。

物业服务人公开作出的有利于业主的服务承诺，为物业服务合同的组成部分。

物业服务合同应当采用书面形式。

第九百三十九条 建设单位依法与物业服务人订立的前期物业服务合同，以及业主委员会与业主大会依法选聘的物业服务人订立的物业服务合同，对业主具有法律约束力。

第九百四十条 建设单位依法与物业服务人订立的前期物业服务合同约定的服务期限届满前，业主委员会或者业主与新物业服务人订立的物业服务合同生效的，前期物业服务合同终止。

第九百四十一条 物业服务人将物业服务区域内的部分专项服务事项委托给专业性服务组织或者其他第三人的，应当就该部分专项服务事项向业主负责。

物业服务人不得将其应当提供的全部物业服务转委托给第三人，或者将全部物业服务支解后分别转委托给第三人。

第九百四十二条 物业服务人应当按照约定和物业的使用性质，妥善维修、养护、清洁、绿化和经营管理物业服务区域内的业主共有部分，维护物业服务区域内的基本秩序，采取合理措施保护业主的人身、财产安全。

对物业服务区域内违反有关治安、环保、消防等法律法规的行为，物业服务人应当及时采取合理措施制止、向有关行政主管部门报告并协助处理。

第九百四十三条 物业服务人应当定期将服务的事项、负责人员、质量要求、收费项目、收费标准、履行情况，以及维修资金使用情况、业主共有部分的经营与收益情况等以合理方式向业主公开并向业主大会、业主委员会报告。

第九百四十四条 业主应当按照约定向物业服务人支付物业费。物业服务人已经按照约定和有关规定提供服务的，业主不得以未接受或者无需接受相关物业服务为由拒绝支付物业费。

业主违反约定逾期不支付物业费的，物业服务人可以催告其在合理期限内支付；合理期限届满仍不支付的，物业服务人可以提起诉讼或者申请仲裁。

物业服务人不得采取停止供电、供水、供热、供燃气等方式催交物业费。

第九百四十五条 业主装饰装修房屋的，应当事先告知物业服务人，遵守物业服务人提示的合理注意事项，并配合其进行必要的现场检查。

业主转让、出租物业专有部分、设立居住权或者依法改变共有部分用途的，应当及时将相关情况告知物业服务人。

第九百四十六条 业主依照法定程序共同决定解聘物业服务人的,可以解除物业服务合同。决定解聘的,应当提前六十日书面通知物业服务人,但是合同对通知期限另有约定的除外。

依据前款规定解除合同造成物业服务人损失的,除不可归责于业主的事由外,业主应当赔偿损失。

第九百四十七条 物业服务期限届满前,业主依法共同决定续聘的,应当与原物业服务人在合同期限届满前续订物业服务合同。

物业服务期限届满前,物业服务人不同意续聘的,应当在合同期限届满前九十日书面通知业主或者业主委员会,但是合同对通知期限另有约定的除外。

第九百四十八条 物业服务期限届满后,业主没有依法作出续聘或者另聘物业服务人的决定,物业服务人继续提供物业服务的,原物业服务合同继续有效,但是服务期限为不定期。

当事人可以随时解除不定期物业服务合同,但是应当提前六十日书面通知对方。

第九百四十九条 物业服务合同终止的,原物业服务人应当在约定期限或者合理期限内退出物业服务区域,将物业服务用房、相关设施、物业服务所必需的相关资料等交还给业主委员会、决定自行管理的业主或者其指定的人,配合新物业服务人做好交接工作,并如实告知物业的使用和管理状况。

原物业服务人违反前款规定的,不得请求业主支付物业服务合同终止后的物业费;造成业主损失的,应当赔偿损失。

第九百五十条 物业服务合同终止后,在业主或者业主大会选聘的新物业服务人或者决定自行管理的业主接管之前,原物业服务人应当继续处理物业服务事项,并可以请求业主支付该期间的物业费。

第二十五章 行纪合同

第九百五十一条 行纪合同是行纪人以自己的名义为委托人从事贸易活动,委托人支付报酬的合同。

第九百五十二条 行纪人处理委托事务支出的费用,由行纪人负担,但是当事人另有约定的除外。

第九百五十三条 行纪人占有委托物的,应当妥善保管委托物。

第九百五十四条 委托物交付给行纪人时有瑕疵或者容易腐烂、变质的,经委托人同意，行纪人可以处分该物；不能与委托人及时取得联系的，行纪人可以合理处分。

第九百五十五条 行纪人低于委托人指定的价格卖出或者高于委托人指定的价格买入的，应当经委托人同意；未经委托人同意，行纪人补偿其差额的，该买卖对委托人发生效力。

行纪人高于委托人指定的价格卖出或者低于委托人指定的价格买入的，可以按照约定增加报酬；没有约定或者约定不明确，依据本法第五百一十条的规定仍不能确定的，该利益属于委托人。

委托人对价格有特别指示的，行纪人不得违背该指示卖出或者买入。

第九百五十六条 行纪人卖出或者买入具有市场定价的商品，除委托人有相反的意思表示外，行纪人自己可以作为买受人或者出卖人。

行纪人有前款规定情形的，仍然可以请求委托人支付报酬。

第九百五十七条 行纪人按照约定买入委托物，委托人应当及时受领。经行纪人催告，委托人无正当理由拒绝受领的，行纪人依法可以提存委托物。

委托物不能卖出或者委托人撤回出卖，经行纪人催告，委托人不取回或者不处分该物的，行纪人依法可以提存委托物。

第九百五十八条 行纪人与第三人订立合同的，行纪人对该合同直接享有权利、承担义务。

第三人不履行义务致使委托人受到损害的，行纪人应当承担赔偿责任，但是行纪人与委托人另有约定的除外。

第九百五十九条 行纪人完成或者部分完成委托事务的，委托人应当向其支付相应的报酬。委托人逾期不支付报酬的，行纪人对委托物享有留置权，但是当事人另有约定的除外。

第九百六十条 本章没有规定的，参照适用委托合同的有关规定。

第二十六章　中介合同

第九百六十一条 中介合同是中介人向委托人报告订立合同的机会或者提供订立合同的媒介服务，委托人支付报酬的合同。

第九百六十二条 中介人应当就有关订立合同的事项向委托人如实报告。

中介人故意隐瞒与订立合同有关的重要事实或者提供虚假情况，损害委托人利益的，不得请求支付报酬并应当承担赔偿责任。

第九百六十三条 中介人促成合同成立的，委托人应当按照约定支付报酬。对中介人的报酬没有约定或者约定不明确，依据本法第五百一十条的规定仍不能确定的，根据中介人的劳务合理确定。因中介人提供订立合同的媒介服务而促成合同成立的，由该合同的当事人平均负担中介人的报酬。

中介人促成合同成立的，中介活动的费用，由中介人负担。

第九百六十四条　中介人未促成合同成立的，不得请求支付报酬；但是，可以按照约定请求委托人支付从事中介活动支出的必要费用。

第九百六十五条　委托人在接受中介人的服务后，利用中介人提供的交易机会或者媒介服务，绕开中介人直接订立合同的，应当向中介人支付报酬。

第九百六十六条　本章没有规定的，参照适用委托合同的有关规定。

第二十七章　合伙合同

第九百六十七条　合伙合同是两个以上合伙人为了共同的事业目的，订立的共享利益、共担风险的协议。

第九百六十八条　合伙人应当按照约定的出资方式、数额和缴付期限，履行出资义务。

第九百六十九条　合伙人的出资、因合伙事务依法取得的收益和其他财产，属于合伙财产。

合伙合同终止前，合伙人不得请求分割合伙财产。

第九百七十条　合伙人就合伙事务作出决定的，除合伙合同另有约定外，应当经全体合伙人一致同意。

合伙事务由全体合伙人共同执行。按照合伙合同的约定或者全体合伙人的决定，可以委托一个或者数个合伙人执行合伙事务；其他合伙人不再执行合伙事务，但是有权监督执行情况。

合伙人分别执行合伙事务的，执行事务合伙人可以对其他合伙人执行的事务提出异议；提出异议后，其他合伙人应当暂停该项事务的执行。

第九百七十一条　合伙人不得因执行合伙事务而请求支付报酬，但是合伙合同另有约定的除外。

第九百七十二条　合伙的利润分配和亏损分担，按照合伙合同的约定办理；合伙合同没有约定或者约定不明确的，由合伙人协商决定；协商不成的，由合伙人按照实缴出资比例分配、分担；无法确定出资比例的，由合伙人平均分配、分担。

第九百七十三条　合伙人对合伙债务承担连带责任。清偿合伙债务超过自己应当承担份额的合伙人，有权向其他合伙人追偿。

第九百七十四条　除合伙合同另有约定外，合伙人向合伙人以外的人转让其全部或者部分财产份额的，须经其他合伙人一致同意。

第九百七十五条　合伙人的债权人不得代位行使合伙人依照本章规定和合伙合同享有的权利，但是合伙人享有的利益分配请求权除外。

第九百七十六条　合伙人对合伙期限没有约定或者约定不明确，依据本法第五百一十条的规定仍不能确定的，视为不定期合伙。

合伙期限届满，合伙人继续执行合伙事务，其他合伙人没有提出异议的，原合伙合同继续有效，但是合伙期限为不定期。

合伙人可以随时解除不定期合伙合同，但是应当在合理期限之前通知其他合伙人。

第九百七十七条　合伙人死亡、丧失民事行为能力或者终止的，合伙合同终止；但是，合伙合同另有约定或者根据合伙事务的性质不宜终止的除外。

第九百七十八条　合伙合同终止后，合伙财产在支付因终止而产生的费用以及清偿合伙债务后有剩余的，依据本法第九百七十二条的规定进行分配。

第三分编　准合同

第二十八章　无因管理

第九百七十九条　管理人没有法定的或者约定的义务，为避免他人利益受损失而管理他人事务的，可以请求受益人偿还因管理事务而支出的必要费用；管理人因管理事务受到损失的，可以请求受益人给予适当补偿。

管理事务不符合受益人真实意思的，管理人不享有前款规定的权利；但是，受益人的真实意思违反法律或者违背公序良俗的除外。

第九百八十条　管理人管理事务不属于前条规定的情形，但是受益人享有管理利益的，受益人应当在其获得的利益范围内向管理人承担前条第一款规定的义务。

第九百八十一条　管理人管理他人事务，应当采取有利于受益人的方法。中断管理对受益人不利的，无正当理由不得中断。

第九百八十二条　管理人管理他人事务，能够通知受益人的，应当及时通知受益人。管理的事务不需要紧急处理的，应当等待受益人的指示。

第九百八十三条 管理结束后,管理人应当向受益人报告管理事务的情况。管理人管理事务取得的财产,应当及时转交给受益人。

第九百八十四条 管理人管理事务经受益人事后追认的,从管理事务开始时起,适用委托合同的有关规定,但是管理人另有意思表示的除外。

第二十九章　不当得利

第九百八十五条 得利人没有法律根据取得不当利益的,受损失的人可以请求得利人返还取得的利益,但是有下列情形之一的除外:

（一）为履行道德义务进行的给付;

（二）债务到期之前的清偿;

（三）明知无给付义务而进行的债务清偿。

第九百八十六条 得利人不知道且不应当知道取得的利益没有法律根据,取得的利益已经不存在的,不承担返还该利益的义务。

第九百八十七条 得利人知道或者应当知道取得的利益没有法律根据的,受损失的人可以请求得利人返还其取得的利益并依法赔偿损失。

第九百八十八条 得利人已经将取得的利益无偿转让给第三人的,受损失的人可以请求第三人在相应范围内承担返还义务。